In der täglichen Praxis

stellt Kaliummangel für den Arzt ein häufiges Problem dar. Neben den unspezifischen Anzeichen dieses Mangels, wie Abgeschlagenheit, Müdigkeit und Leistungsabfall, können auch schwere Komplikationen auftreten, zum Beispiel Nierenfunktionsstörungen und Herzrhythmusstörungen. Meist wird ein Kaliummangel durch die Einnahme von entwässernden Medikamenten ausgelöst, wie sie im Rahmen der Bluthochdrucktherapie oder der Therapie der Herzmuskelschwäche eingesetzt werden. Er kann aber auch viele andere Ursachen haben. Ersetzt man Kalium in Form von Medikamenten, sind diese in der Regel schlecht verträglich und werden deshalb von den Patienten nicht eingenommen. Mit dem vorliegenden Kochbuch soll jedem unter Kaliummangel Leidenden eine Ernährungweise vorgestellt werden, die die Einnahme von Kaliumpräparaten durch gezielte Auswahl und schmackhaftes Zubereiten von Nahrungsmitteln überflüssig macht.

Dr. med. Norbert Gretz

INHALT

3 **Mineralstoff Kalium**

10 **Frühstücks-Ideen**

10 Aprikosen-Hirse-Müsli
10 Exoten-Müsli
12 Apfel-Flocken-Müsli
12 Schokoladen-Müsli
12 Frischkorn-Beeren-Müsli
13 Avocado-Müsli
14 Schichtkäse-Beeren-Brote
14 Kerniger Quark
14 Bananen-Dickmilch
16 Rosinen-Buttermilch
16 Buchweizen-Grütze mit Rhabarber
17 Schnelle Rosinen-Nuß-Brötchen
17 Sanddorn-Quark mit Erdbeeren
18 Bohnen-Avocado-Omelette
18 Schinken-Petersilien-Creme
20 Mais-Lachs-Omelette mit Kresse
20 Mandel-Roastbeef-Omelette
21 Grünkern-Plätzchen
21 Frischkäse-Brötchen

22 **Snacks & Vorspeisen**

22 Mozzarella-Petersilien-Sandwich
22 Frühlings-Rohkost mit Putenfilet
24 Sprossen-Möhren-Sandwich
24 Alfalfa-Tofu-Brote
25 Sprossen-Sandwich mit Brie
25 Kartoffel-Fenchel-Salat
26 Pilz-Quiches
27 Broccoli-Toasts
28 Spinat-Linsen-Pasteten
28 Frühlingsrollen
29 Überbackene Thunfisch-Brote
30 Kartoffel-Suppe mit Garnelen
30 Feldsalat mit Hasenfilet
32 Petersiliencreme-Suppe mit Tomaten
32 Spinat-Salat mit roten Beten
33 Marinierter Broccoli

34 **Raffinierte Hauptgerichte**

34 Rosenkohl-Puten-Rollbraten
36 Rostbraten Esterhazy
36 Forellen mit Cashewkernen
37 Glasiertes Schweinefilet
38 Quinoa-Gemüse-Pfanne
39 Gebackene Kartoffeln mit Chili
40 Linsen-Eintopf
40 Hackfleisch-Klößchen auf Bohnencreme
41 Sojabohnen-Lamm-Ragout
42 Pilz-Schnitzel
44 Süß-saurer Seelachs
44 Chicorée-Kabeljau-Gratin
45 Heilbutt-Koteletts auf Spinat
46 Kartoffel-Rosenkohl-Gratin
46 Zitronen-Fenchel mit Kalbsfilet
48 Spaghetti mit Kräutersauce
48 Broccoli-Rindfleisch-Pfanne
49 Kalbsleber mit Äpfeln und Backpflaumen
50 Mangold-Kartoffel-Röllchen
52 Weizen-Pizza
52 Bunte Bohnen-Salami-Pfanne
53 Gefüllte Kohlrabi

54 **Verführerische Desserts**

54 Holunder-Orangen-Gelee
54 Melonen-Kaltschale
56 Mokka-Soufflé
56 Rosinen-Kompott mit Quarknocken
57 Joghurt-Gelee mit Backobst
58 Mandel-Biskuit mit Aprikosen
58 Johannisbeer-Honig-Sorbet

60 **Tagespläne**

62 **Rezept- und Sachregister**

64 **Wichtiger Hinweis**

Abkürzungen bei den Nährwertangaben:

kJ	Kilojoule
kcal	Kilokalorien
EW	Eiweiß
F	Fett
KH	Kohlenhydrate

Kalium - ein lebensnotwendiger Mineralstoff

Etwa 4% unseres Körpers bestehen aus Mineralstoffen und Spurenelementen. Das sind anorganische Substanzen, die für uns lebensnotwendig (essentiell) sind und die wir mit der Nahrung aufnehmen. Sie enthalten keine Kalorien. Kalium, ein Leichtmetall, ist einer der wichtigsten Mineralstoffe. Für Pflanzen ist es als Nährstoff unentbehrlich, und auch Tiere und wir Menschen können ohne Kalium nicht leben. Die besondere Bedeutung dieses Mineralstoffes für alle Lebewesen wird schon dadurch erkennbar, daß Kalium überall in der Natur vorkommt. Das wachsweiche, silberweiße Mineral tritt nie allein auf, es ist stets mit anderen Stoffen verbunden.

Wofür braucht unser Körper Kalium?

Zwischen 100 und 170 g Kalium sind im Körper eines Erwachsenen durchschnittlich enthalten, und zwar hauptsächlich innerhalb der Zellen. Es hat unterschiedlichste Aufgaben zu erfüllen.

- Kalium ist wichtig für die Regulation des osmotischen Drucks und damit für den Wasserhaushalt im Körper. Es muß mit Natrium, das überwiegend außerhalb der Zellen vorkommt, in einem ausgewogenen Verhältnis im Körper vorhanden sein.

- Kalium nimmt im Zell-Stoffwechsel, insbesondere beim Aufbau energiereicher Phosphatverbindungen, eine zentrale Stelle ein. Jede Zellfunktion wird erst dadurch möglich, daß Kalium durch die Zellwände (Zellmembranen) das Zellinnere verläßt und Natrium in die Zelle eindringt.

- Kalium ist wichtig für die Erregbarkeit von Nerven und für die Nervenreizleitung, die durch biochemische Vorgänge verursacht werden. Ohne Kalium gelangt kein Befehl aus dem Gehirn über die Nerven zu den Muskeln.

- Muskeltätigkeit ist ohne Kalium nicht möglich. Nur, wenn genug Kalium vorhanden ist, lassen sich die Muskeln an- und entspannen. Bei jeder Anspannung der Muskeln treten Kalium-Ionen (das sind die positiv geladenen Kaliumteilchen) aus der jeweiligen Muskelzelle aus und werden mit dem dort vorbeifließenden Blut weggeschwemmt. Statt dessen tritt Natrium in die Zelle ein, der Muskel kann sich zusammenziehen. Dieser Zusammenhang gilt für alle Muskeln unseres Körpers – ob sie an Armen oder Beinen, am Herzen oder am Darm sitzen.

- Ohne Kalium können wir keine körperliche Leistung vollbringen. Das Kalium, das bei der Anspannung eines Muskels aus der Muskelzelle austritt, muß wieder in die Zellen eingeführt werden. Sonst ist ein Zusammenziehen des Muskels nicht mehr möglich, er ermüdet und kann nichts mehr leisten.

- Kalium ist am Kohlenhydrat-Stoffwechsel beteiligt. Es begünstigt den Abbau der Mehrfachzucker zu Einfachzuckern und deren Transport zu den Zellen.

- Einige Enzyme werden durch Kalium aktiviert, sie wären ohne dessen Anwesenheit wirkungslos.

Wieviel Kalium braucht unser Körper?

- Der Mindestbedarf eines Erwachsenen wird von Wissenschaftlern auf etwa 800 mg pro Tag geschätzt.

- Die DGE (Deutsche Gesellschaft für Ernährung) empfiehlt folgende Mengen:

Kinder bis 9 Jahre	1–2 g/Tag
Kinder bis 14 Jahre	1–3 g/Tag
Erwachsene	3–4 g/Tag

- Der Kaliumbedarf steht in einem engen Zusammenhang mit der Aufnahme von Natrium. Essen wir viele natriumreiche Lebensmittel oder viel Kochsalz (Natiumchlorid: NaCl), wird vermehrt Kalium ausgeschieden. Wir müssen dann mehr Kalium aufnehmen.

- Ein erhöhter Kaliumbedarf besteht außerdem bei
  – starkem Schwitzen durch körperliche Anstrengung, bei hohen Außentemperaturen oder in der Sauna,
  – starkem Alkoholkonsum.

Wodurch kommt es zu Kaliummangel?

Kaliummangel, in der Fachsprache Hypokaliämie genannt, kann verschiedene Ursachen haben:
– Einnahme entwässernder Medikamente, wie sie zur Therapie des Bluthochdrucks oder bei Herzmuskelschwäche verwendet werden,
– Nierenfunktionsstörung,
– Kortisoneinnahme,
– Magnesiummangel,
– Störungen im Säure-Basen-Haushalt (Alkalose),
– Durchfall,
– wiederholtes Erbrechen (auch bei Magersüchtigen oder Bulimiekranken),
– zu geringe Aufnahme mit Speisen und Getränken,
– zu viel Natrium in der Nahrung und dadurch verstärkte Kalium-Ausscheidung,
– Mißbrauch von Abführmitteln oder Entwässerungstabletten (die Kaliumausscheidung steigt).

Was passiert bei Kaliummangel?

Wie wichtig Kalium für unseren Körper ist, zeigt er uns deutlich bei einem Mangel:
– Erste Anzeichen sind allgemeine Schwäche, Schwindel, niedriger Blutdruck, Übelkeit, Appetitlosigkeit, Durst;
– Muskelschwäche, besonders an Armen und Beinen, Krämpfe bis hin zu Lähmungen;
– Darmträgheit und Verstopfung durch Schwäche der Darmmuskulatur;
– Funktionsstörungen am Herzen (besonders bei gleichzeitiger Einnahme herzstärkender Medikamente, zum Beispiel Digitalis) in Form von Herzrhythmusstörungen, Herzerweiterung, typischen EKG-Veränderungen bis hin zum Koma;
– Störungen der Nierentätigkeit bis hin zum völligen Nierenversagen.

Besteht die Gefahr einer Überversorgung?

Jeder Überschuß an Kalium wird ausgeschieden, die Gefahr einer Hyperkaliämie, bei der zuviel Kalium im Körper eingelagert wird, besteht beim gesunden Menschen nicht.

Vorsicht ist allerdings geboten, wenn die Nierentätigkeit geschädigt ist. Fragen Sie Ihren Arzt!

Wieviel Kalium steckt in den verschiedenen Lebensmitteln?

Wer überwiegend Fett, Zucker und Weißbrot ißt, wird auf Dauer unter Kaliummangel leiden. Fett und Zucker enthalten praktisch keinerlei Kalium, und bei der Verarbeitung vom vollen Korn zum weißen Mehl geht der größte Teil der enthaltenen Mineralstoffe verloren. Ein Beispiel soll diesen Verlust deutlich machen: 100 g Weizenkörner enthalten etwa 500 mg Kalium, in 100 g Weizenmehl (Type 405) sind es nur noch etwa 100 mg.

Auf den folgenden Seiten finden Sie Rezepte für kaliumreiche Speisen. Die Abbildungen und Angaben auf den nächsten Seiten sollen Ihnen darüber hinaus helfen, für Ihre eigenen Rezept-Ideen besonders kaliumreiche Lebensmittel auszuwählen.

Beachten Sie dabei nicht allein den Kaliumgehalt. Ebenso wichtig ist, wie viele Kalorien enthalten sind und wieviel Sie überhaupt von dem betreffenden Lebensmittel essen können oder möchten. Beispielsweise liefern 100 g Pistazienkerne zwar 1020 mg Kalium, gleichzeitig aber etwa 600 kcal. Für die gleiche Energiemenge könnten Sie ein großes, 200 g schweres Putenschnitzel grillen und zusammen mit 250 g Pellkartoffeln und einem gemischten Salat verspeisen. Und damit immerhin 2737 mg Kalium zu sich nehmen.

Produkte	Kalium	Kilojoule	Kilokalorien
Milch, Milchprodukte und Tofu (je 100 g)			
Vollmilch	157 mg	267 kJ	64 kcal
Buttermilch	147 mg	144 kJ	35 kcal
Vollmilch-Joghurt	157 mg	254 kJ	61 kcal
Schlagsahne	112 mg	1291 kJ	309 kcal
Saure Sahne	158 mg	490 kJ	117 kcal
Crème fraîche	105 mg	1582 kJ	378 kcal
Quark (mager)	95 mg	304 kJ	73 kcal
Quark (20%)	87 mg	458 kJ	110 kcal
Quark (40%)	82 mg	670 kJ	160 kcal
Schichtkäse (20%)	120 mg	441 kJ	105 kcal
Doppelrahm-Frischkäse (60%)	95 mg	1375 kJ	329 kcal
Körniger Frischkäse (20%)	88 mg	428 kJ	102 kcal
Mozzarella	150 mg	867 kJ	207 kcal
Brie (50%)	152 mg	1429 kJ	342 kcal
Camembert (60%)	105 mg	1580 kJ	378 kcal
Edelpilzkäse (50%)	138 mg	1475 kJ	353 kcal
Parmesan (35%)	131 mg	1567 kJ	375 kcal
Emmentaler (45%)	107 mg	1599 kJ	382 kcal
Gouda (45%)	76 mg	1526 kJ	365 kcal
Edamer (45%)	67 mg	1481 kJ	354 kcal
Tofu	153 mg	318 kJ	76 kcal
Süßes (je 100 g)			
Ahornsirup	300 mg	1254 kJ	300 kcal
Apfel- oder Birnen-Dicksaft	600 mg	1190 kJ	280 kcal
Apfel- oder Birnenkraut	700 mg	1197 kJ	286 kcal
Erdnußpaste	820 mg	2555 kJ	611 kcal
Honig	47 mg	1361 kJ	325 kcal
Sahneeis	70 mg	837 kJ	200 kcal
Sanddornbeerensaft	209 mg	182 kJ	44 kcal
Schokolade	400 mg	2357 KJ	563 kcal
Getreide, Hülsenfrüchte (je 100 g)			
Bohnen, weiß	1300 mg	1228 kJ	294 kcal
Buchweizen	324 mg	1421 kJ	340 kcal
Buchweizengrütze	218 mg	1442 kJ	345 kcal
Buchweizenmehl	380 mg	1421 kJ	340 kcal
Erbsen, gelb geschält	930 mg	1453 kJ	347 kcal
Gerste	444 mg	1292 kJ	292 kcal
Grünkern	447 mg	1340 kJ	320 kcal
Hafer	355 mg	1502 kJ	359 kcal
Haferflocken	360 mg	1519 kJ	363 kcal
Hirse	250 mg	1478 kJ	354 kcal
Linsen	810 mg	1296 kJ	310 kcal
Nudeln (Eier-Nudeln)	164 mg	1452 kJ	347 kcal
Nudeln (Vollkorn-Nudeln)	165 mg	1435 kJ	343 kcal
Quinoa	710 mg	1548 kJ	370 kcal

Schichtkäse (hinten), Edelpilzkäse (links), Tofu (rechts)

Birnendicksaft (hinten), Sanddornbeerensaft (rechts), Schokolade

Eiernudeln (hinten links), Vollkornnudeln (hinten rechts). Vorne von links nach rechts: weiße Bohnen, Linsen, gelbe Erbsen

Weizenvollkornbrot, Weizenbrötchen, Sojabohnen (links), Roggen (ganzes Korn)

Erdnüsse, frische Kokosnuß, Pistazienkerne, Mandeln

Broccoli, Kresse, Feldsalat, Champignons

Produkte	Kalium	Kilojoule	Kilokalorien
Reis, natur	150 mg	1455 kJ	348 kcal
Reis, poliert	103 mg	1452 kJ	347 kcal
Roggen, Korn	510 mg	1104 kJ	264 kcal
Roggenschrot, Type 1800	439 mg	1143 kJ	273 kcal
Roggenmehl, Type 815	170 mg	1254 kJ	300 kcal
Roggenvollkornbrot	291 mg	864 kJ	206 kcal
Sojabohnen	1750 mg	1894 kJ	453 kcal
Weizen, Korn	502 mg	1274 kJ	304 kcal
Weizenschrot, Type 1700	290 mg	1282 kJ	306 kcal
Weizenmehl, Type 1050	203 mg	1382 kJ	330 kcal
Weizenmehl, Type 405	108 mg	1419 kJ	339 kcal
Weizenkeime	1065 mg	1046 kJ	250 kcal
Weizenkleie	1400 mg	623 kJ	149 kcal
Weizenvollkornbrot	270 mg	870 kJ	208 kcal
Weizenbrötchen	115 mg	1076 kJ	258 kcal
Knäckebrot	436 mg	1327 kJ	318 kcal
Nüsse, Kerne und Samen (je 100 g)			
Cashewkerne	552 mg	2380 kJ	569 kcal
Erdnüsse, frisch	706 mg	2390 kJ	571 kcal
Erdnüsse, geröstet	777 mg	2450 kJ	586 kcal
Haselnüsse	630 mg	2692 kJ	643 kcal
Kokosnuß, frisch	379 mg	1431 kJ	342 kcal
Kokosnuß, getrocknet	750 mg	2536 kJ	606 kcal
Leinsamen	680 mg	1820 kJ	435 kcal
Mandeln	835 mg	2507 kJ	599 kcal
Pistazienkerne	1020 mg	2500 kJ	598 kcal
Sesamsamen	458 mg	2385 kJ	570 kcal
Sonnenblumenkerne	725 mg	2436 kJ	582 kcal
Walnüsse	570 mg	2788 kJ	666 kcal
Gemüse und Pilze (je 100 g eßbarer Anteil, roh)			
Artischocke	350 mg	203 kJ	49 kcal
Avocado	507 mg	932 kJ	223 kcal
Bambussprossen	470 mg	137 kJ	33 kcal
Broccoli	410 mg	100 kJ	24 kcal
Brunnenkresse	276 mg	87 kJ	21 kcal
Champignons	418 mg	62 kJ	15 kcal
Feldsalat	420 mg	48 kJ	12 kcal
Fenchel	494 mg	149 kJ	36 kcal
Gartenkresse	550 mg	164 kJ	39 kcal
Kartoffel	443 mg	295 kJ	71 kcal
Kohlrabi	372 mg	106 kJ	25 kcal
Kopfsalat	224 mg	44 kJ	10 kcal
Kürbis	383 mg	104 kJ	25 kcal
Löwenzahn	435 mg	187 kJ	45 kcal
Mangold	376 mg	95 kJ	23 kcal
Möhren	290 mg	113 kJ	27 kcal
Petersilie	1000 mg	253 kJ	60 kcal

Produkte	Kalium	Kilojoule	Kilokalorien
Petersilienwurzel	880 mg	128 kJ	31 kcal
Pfifferlinge	507 mg	96 kJ	23 kcal
Rosenkohl	390 mg	160 kJ	38 kcal
Rote Bete	335 mg	173 kJ	41 kcal
Schnittlauch	434 mg	161 kJ	38 kcal
Spinat	324 mg	63 kJ	15 kcal
Stangensellerie	344 mg	49 kJ	12 kcal
Steinpilze, frisch	486 mg	142 kJ	34 kcal
Steinpilze, getrocknet	2000 mg	1180 kJ	282 kcal
Früchte (je 100 g eßbarer Anteil, roh)			
Aprikose, frisch	280 mg	197 kJ	47 kcal
Aprikose, getrocknet	1370 mg	1073 kJ	257 kcal
Banane	382 mg	341 kJ	81 kcal
Datteln, getrocknet	649 mg	1143 kJ	273 kcal
Grapefruit	180 mg	182 kJ	43 kcal
Holunderbeeren	303 mg	186 kJ	45 kcal
Honigmelone	330 mg	221 kJ	53 kcal
Johannisbeeren, rot	238 mg	158 kJ	38 kcal
Johannisbeeren, schwarz	341 mg	205 kJ	49 kcal
Kirschen, süß	210 mg	246 kJ	59 kcal
Kiwi	295 mg	210 kJ	50 kcal
Mandarine	210 mg	188 kJ	45 kcal
Nektarine	270 mg	223 kJ	53 kcal
Orange	189 mg	183 kJ	44 kcal
Passionsfrucht	350 mg	278 kJ	66 kcal
Pflaumen, frisch	221 mg	213 kJ	51 kcal
Pflaumen, getrocknet	824 mg	988 kJ	236 kcal
Rosinen	860 mg	1174 kJ	281 kcal
Fisch, Geflügel & Fleisch (je 100 g eßbarer Anteil)			
Bachforelle	465 mg	428 kJ	102 kcal
Garnelen	266 mg	364 kJ	87 kcal
Heilbutt	445 mg	423 kJ	101 kcal
Kabeljau	355 mg	306 kJ	73 kcal
Lachs	371 mg	845 kJ	202 kcal
Rotbarsch	310 mg	440 kJ	105 kcal
Seelachs	374 mg	336 kJ	80 kcal
Thunfisch in Öl	343 mg	1185 kJ	283 kcal
Hähnchenbrustfilet	264 mg	415 kJ	99 kcal
Hähnchenkeule	250 mg	461 kJ	110 kcal
Hase	400 mg	474 kJ	113 kcal
Kalbsfilet	348 mg	397 kJ	95 kcal
Kalbskeule	343 mg	407 kJ	97 kcal
Kaninchen	382 mg	634 kJ	152 kcal
Putenbrustfilet	333 mg	441 kJ	105 kcal
Rinderfilet	340 mg	487 kJ	116 kcal
Rinderkeule	357 mg	619 kJ	148 kcal
Schweineschnitzel	373 mg	653 kJ	156 kcal
gekochter Schinken	270 mg	808 kJ	193 kcal

Getrocknete Steinpilze, Petersilienwurzeln, Schnittlauch, Pfifferlinge

Frische Aprikosen, Honigmelone, Kiwis, Datteln

Bachforelle, Garnelen, Kalbsfilet

Richtig zubereiten, Kalium erhalten

Bei vielen Methoden, mit denen Lebensmittel von der Industrie oder im Haushalt bearbeitet werden, reduziert sich der Gehalt an Vitaminen und Mineralstoffen ganz erheblich. Beispiele sind das Schälen und Polieren von Reis, das Ausmahlen von Getreide zu Weißmehl, die Zuckerraffination, die Raffination von Fetten und Ölen, das Blanchieren von Gemüse, das Kochen in Wasser, das Schälen von Früchten.

Kalium ist wasserlöslich. Das bedeutet, daß dieser Mineralstoff durch langes Waschen und durch Kochen in Wasser aus den Lebensmitteln herausgeschwemmt wird.

- Die besten Zubereitungsmethoden sind salzloses Dämpfen und Dünsten in wenig Fett und im eigenen Saft der Lebensmittel. Hierbei kann kein Kalium ins Kochwasser übergehen. Wie Sie bei diesen beiden Garmethoden vorgehen, zeigen die Fotos auf dieser und der nächsten Seite.

- Auch beim Blanchieren geht Kalium ins Kochwasser über. Vermeiden Sie nach Möglichkeit dieses kurze Bad in reichlich kochendem Wasser.

Die beste Garmethode: Dämpfen

Um Gemüse, Fisch, Geflügel und Fleisch möglichst schonend zu garen, eignen sich ein Dämpftopf mit Siebeinsatz oder die gelbbraunen Bambuskörbchen, die Sie in allen Asienläden bekommen, am besten.

1. Das vorbereitete Gemüse, hier als Beispiel Broccoli, in den Siebeinsatz legen (Bild links oben).

2. Etwas Wasser in dem Topf aufkochen (Bild links).

3. Den Siebeinsatz hineinstellen oder -hängen. Das Gemüse darf dabei nicht im Wasser liegen.

4. Den Topf sehr gut verschließen, damit kein Wasserdampf entweichen kann. Das Gemüse garen.

Schonendes Dünsten

Viele Gemüse- und Fruchtsorten schmecken am besten, wenn man sie anfangs kurz in etwas heißem Fett anschwitzt.

1. Etwas Butter, Margarine oder Öl in einem Topf nicht zu stark erhitzen.

2. Vorbereitetes Gemüse, hier Broccoliröschen, hineingeben und gut verrühren. Bei mittlerer Hitze kurz anschwitzen.

3. Eventuell einige Eßlöffel Wasser, Brühe oder Wein angießen. Bei Gemüse, das viel Feuchtigkeit enthält, ist das nicht nötig.

4. Den Topf sehr gut verschließen, damit kein Dampf entweichen kann. Das Gemüse garen.

Gemüse:
Wenn Sie Gemüse in Wasser garen, sollten Sie unbedingt das Kochwasser mitverwenden – beispielsweise als Grundlage für Suppen oder Saucen. So schütten Sie das darin enthaltene Kalium nicht in den Abfluß.

Kartoffeln: Bei Kartoffeln sitzen viele Mineralstoffe dicht unter der Schale. Sie sollten die Knollen mit Schale kochen und sehr sparsam pellen. Das Kochwasser jedoch nur beim Garen von geschälten Kartoffeln weiterverwenden.

Reis sollten Sie nicht in viel Wasser kochen, sondern in der genau abgemessenen Menge Flüssigkeit ausquellen lassen.

Salz: Alle Speisen sollten Sie nur leicht salzen, da Kochsalz (Natriumchlorid: NaCl) Gegenspieler zu Kalium ist und dessen Wirkung reduziert. Gleiches gilt auch für Meersalz, obwohl dies etwas mehr Kaliumchlorid als gewöhnliches Speisesalz enthält. Wenn Sie den etwas ungewohnten Geschmack mögen, können Sie zur Behebung eines Kaliummangels auf Diätsalz zurückgreifen – ein Kochsalzersatz, bei dem das Natrium durch ein anderes Element, zumeist Kalium, ersetzt wird.

Fett: Gehen Sie mit Fett sparsam um. In Butter, Margarine und Öl ist zwar reichlich Energie, aber kaum Kalium enthalten.

Aprikosen-Hirse-Müsli

Trockenfrüchte und Getreide gehören zu den allerbesten Kalium-Spendern. Miteinander kombiniert, machen sie auf schmackhafte Art fit für die ersten Anstrengungen des Tages.

Zutaten für 2 Personen:
200 ml Milch
60 g Hirse
1 Orange
60 g getrocknete Aprikosen
40 g getrocknete Feigen
40 g getrocknete Datteln
20 g Pistazienkerne

Gelingt leicht

Zubereitungszeit: etwa 45 Min.

Pro Portion etwa:
1800 kJ/430 kcal
12 g EW · 10 g F · 70 g KH
• 1140 mg Kalium

1. Die Milch aufkochen, die Hirse einstreuen und etwa 20 Minuten zugedeckt bei milder Hitze, anschließend noch etwa 10 Minuten ohne Hitze ausquellen lassen. Abkühlen lassen.

2. Die Orange auspressen. Die Aprikosen heiß abspülen, mit dem Orangensaft im Mixer pürieren. Auf zwei Teller verteilen.

3. Die Hirse mit einer Gabel auflockern und auf dem Aprikosenpüree aufhäufen.

4. Die Feigen und die Datteln in Stücke schneiden und auf der Hirse anrichten. Die Pistazienkerne grob hacken und darüber streuen.

Exoten-Müsli

Da Kalium wasserlöslich ist, wird es bei der Zubereitung von Kokosmilch aus dem Kokosfleisch ausgeschwemmt, geht also in die Milch über. Die Kalorien bleiben zum großen Teil im Fleisch zurück.

Zutaten für 4 Personen:
1 kleine frische Kokosnuß
1 Mango
4 Kiwis
1 walnußgroßes Stück Ingwer
3 Eßl. Ahornsirup
100 g gemischte Vollkorn-Flocken

Raffiniert

Zubereitungszeit: etwa 45 Min.

Pro Portion etwa:
1210 kJ/290 kcal
6 g EW · 12 g F · 38 g KH
• 685 mg Kalium

1. Den Backofen auf 200° vorheizen. Die Kokosnuß an zwei »Augen« anbohren, die Flüssigkeit ablaufen lassen und auffangen. Die Nuß für etwa 15 Minuten in den Backofen (Gas Stufe 3) legen, bis die Schale platzt.

2. Die Kokosnuß öffnen, das Fruchtfleisch auslösen. Etwa ein Viertel davon mit dem Sparschäler in Spänen abhobeln, den Rest fein raspeln.

3. Den abgelaufenen Kokossaft mit Wasser auf 1/4 l auffüllen. Aufkochen und über die Kokosraspeln gießen, etwa 15 Minuten quellen lassen. Anschließend in einem sauberen Küchentuch ausdrücken, die abtropfende weiße Milch auffangen.

4. Die Mango schälen und das Fruchtfleisch in Spalten vom Stein abschneiden. Die Kiwis schälen und in Spalten schneiden.

5. Den Ingwer schälen und fein würfeln, mit der Kokosmilch und dem Ahornsirup verrühren, mit den Flocken und den Früchten mischen. Die Kokosspäne darüber streuen.

Tip!

Frisch geriebene Kokosnuß hält sich 2–3 Tage im Kühlschrank. Als Ersatz können Sie auch getrocknete Kokosraspeln verwenden. Aus 150 g Raspeln und 1/4 l heißem Wasser »Milch« herstellen, zum Schluß 50 g geröstete Kokosraspeln aufstreuen.

Im Bild hinten: Aprikosen-Hirse-Müsli
Im Bild vorne: Exoten-Müsli

Apfel-Flocken-Müsli

Kinder lieben knusprige Müslis ganz besonders. Da in abgepackten Mischungen oft viel Zucker enthalten ist, sollten Sie sie selbst zubereiten. Die Flocken für die folgenden Tage können Sie gleich mitrösten.

Zutaten für 2 Personen:
30 g Apfelkraut (1 Eßl.)
2 Teel. Butter
60 g Vollkorn-Haferflocken
25 g Rosinen (1 Eßl.)
25 g Leinsamen (2 Eßl.)
2 rotschalige Äpfel
2 Eßl. Zitronensaft
300 g Joghurt (3,5%)
Zimtpulver

Preiswert

Zubereitungszeit: etwa 20 Min.

Pro Portion etwa:
1800 kJ/430 kcal
14 g EW · 18 g F · 56 g KH
• 785 mg Kalium

1. Das Apfelkraut und die Butter in einer kleinen Pfanne bei schwacher Hitze zerlassen, die Haferflocken einrühren und einige Minuten unter Rühren rösten. Abkühlen lassen.

2. Die gerösteten Haferflocken mit den Rosinen und den Leinsamen mischen.

3. Die Äpfel gut abreiben und vierteln. Die Kerngehäuse entfernen, die Viertel in Spalten schneiden und sofort mit etwas Zitronensaft beträufeln.

4. Den Joghurt mit dem übrigen Zitronensaft verrühren und mit Zimt abschmecken. Mit den übrigen Zutaten anrichten.

Tip!

Achten Sie beim Kauf von Apfel- und Birnenkraut auf die Zutatenliste. Bei manchen Sorten werden nur die Früchte verarbeitet, bei anderen ist zusätzlich Zucker enthalten.

Schokoladen-Müsli

Weizenkeime gehören zu den guten Kalium-Lieferanten. Da sie pur langweilig schmecken, werden sie hier mit knusprigem Knäckebrot vermischt.

Zutaten für 2 Personen:
3 Scheiben Sesam-Knäckebrot
30 g Weizenkeime
1 Banane
2 Eßl. Zitronensaft
250 g Speisequark (20%)
1 Eßl. flüssiger Honig
50 g Vollmilch-Schokolade

Schnell

Zubereitungszeit: etwa 15 Min.

Pro Portion etwa:
1900 kJ/450 kcal
24 g EW · 16 g F · 53 g KH
• 670 mg Kalium

1. Das Sesam-Knäckebrot zerbröckeln und mit den Weizenkeimen mischen.

Knäckebrot sorgt im Schokomüsli für Knusprigkeit

2. Die Banane schälen, in dünne Scheiben schneiden und in Zitronensaft wenden.

3. Den Quark mit dem übrigen Zitronensaft verrühren und mit dem Honig süßen.

4. Die Schokolade mit einem großen Messer in Stücke hakken. Alle Zutaten zusammen anrichten.

Frischkorn-Beeren-Müsli

Statt frischer Johannisbeeren können Sie auch andere Beeren, notfalls auch tiefgefrorene, verwenden. Allerdings sind schwarze Johannisbeeren besonders kaliumreich. 100 g davon enthalten 341 mg Kalium, bei der gleichen Menge Erdbeeren sind es nur 156 mg.

Zutaten für 4 Personen:
75 g Weizenschrot
200 ml ungesüßter Holunderbeerensaft (Muttersaft; Reformhaus)

250 g rote Johannisbeeren
250 g schwarze Johannisbeeren
1 unbehandelte Orange
3 Eßl. flüssiger Honig
250 g Tofu

Raffiniert • Kalorienarm

Zubereitungszeit: etwa 30 Min. (+ 12–24 Std. Quellzeit)

Pro Portion etwa:
900 kJ/210 kcal
9 g EW · 3 g F · 38 g KH
• 627 mg Kalium

1. Den Weizenschrot mit dem Holunderbeerensaft verrühren, zugedeckt über Nacht in den Kühlschrank stellen.

2. Die Johannisbeeren vorsichtig waschen und mit einer Gabel von den Rispen streifen.

3. Die Orange heiß abwaschen und abtrocknen, die Schale fein abreiben und den Saft auspressen. Beides mit dem Honig verquirlen, die Johannisbeeren untermischen. Etwa 15 Minuten ziehen lassen.

4. Den Tofu klein würfeln und mit den Johannisbeeren mischen. Mit dem Weizenschrot anrichten.

Avocado-Müsli

Avocados schmecken süß zubereitet ebenso gut wie in herzhaften Gerichten. Sie sind ausgesprochen kaliumreich: In 100 g sind 503 mg enthalten.

Zutaten für 2 Personen:
1 reife Avocado
2 Eßl. Zitronensaft
150 g Joghurt (3,5%)
1 Eßl. Sanddornbeerensaft (Reformhaus, Bioladen)
75 g Weizensprossen
20 g Sonnenblumenkerne

Die Avocadohälften gegeneinander drehen und dadurch vom Stein lösen

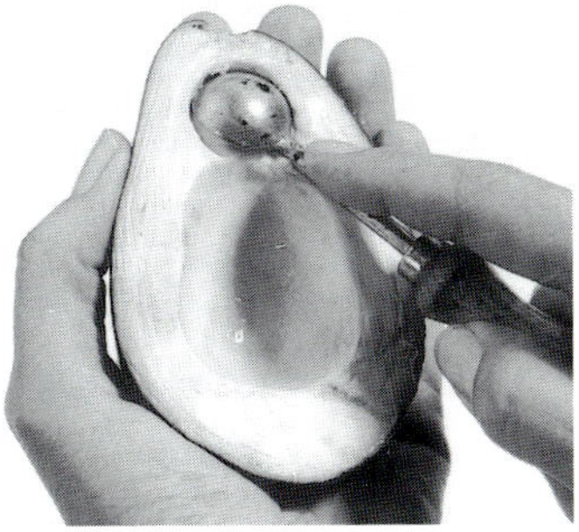

Mit dem Kugelausstecher lassen sich dekorative Bällchen formen

Etwas teurer

Zubereitungszeit: etwa 15 Min.

Pro Portion etwa:
1400 kJ/330 kcal
9 g EW · 32 g F · 7 g KH
• 924 mg Kalium

1. Die Avocado rundherum bis auf den Stein einschneiden, die Hälften entgegengesetzt drehen und dadurch vom Stein lösen. Den Stein entfernen. Von einer Hälfte das Fruchtfleisch mit einem Kugelausstecher herauslösen und sofort in Zitronensaft wenden.

2. Das restliche Fruchtfleisch auslösen, pürieren und mit dem übrigen Zitronensaft, dem Joghurt und dem Sanddornbeerensaft verrühren.

3. Die Weizensprossen mit den Sonnenblumenkernen mischen, mit den Avocadokugeln und dem Püree anrichten.

Tip!
Die Weizensprossen können Sie ganz einfach selbst ziehen. Eine genaue Beschreibung finden Sie auf Seite 24.

Schichtkäse-Beeren-Brote

Schichtkäse gehört zu den Frischkäsen, ebenso wie Speisequark. Diesen können Sie als Ersatz verwenden, er enthält allerdings weniger Kalium. Bei 100 g Schichtkäse sind es 120 mg, bei der gleichen Menge 20%igem Quark nur 87 mg Kalium.

Zutaten für 4 Personen:
250 g Erdbeeren
250 g Himbeeren
2 Eßl. Sanddornbeerensaft (Reformhaus, Bioladen)
2 Eßl. Zitronensaft
500 g Schichtkäse (20%)
4 Scheiben Weizen-Vollkornbrot
20 g Mandelblättchen

Schnell

Zubereitungszeit: etwa 20 Min.

Pro Portion etwa:
1100 kJ/260 kcal
19 g EW · 10 g F · 20 g KH
• 472 mg Kalium

1. Die Erdbeeren waschen und putzen, die Himbeeren verlesen, eventuell waschen. Die Früchte gut abtropfen lassen. Den Sanddornbeerensaft mit Zitronensaft verquirlen, die Beeren darin wenden.

2. Den Schichtkäse abtropfen lassen und in dünne Scheiben schneiden. Auf die Brotscheiben legen.

3. Die Beeren darauf verteilen. Die Mandelblättchen in einer trockenen Pfanne unter Rühren goldbraun rösten und auf die Brote streuen.

Kerniger Quark

Nüsse und Kerne enthalten zwar viele Kalorien, aber auch eine enorme Menge Kalium. An der Spitze dabei stehen Pistazienkerne: 100 g liefern 1020 mg Kalium.

Zutaten für 4 Personen:
50 g Pistazienkerne
20 g Cashewkerne
20 g Pinienkerne
50 g Walnußkerne
50 g geschälte Mandeln
500 g Speisequark (20%)
3 Eßl. Ahornsirup

Raffiniert

Zubereitungszeit: etwa 25 Min.

Pro Portion etwa:
2000 kJ/480 kcal
24 g EW · 32 g F · 20 g KH
• 503 mg Kalium

1. Alle Kerne und die Mandeln in einer trockenen Pfanne bei mittlerer Hitze goldbraun rösten, herausnehmen.

2. Von jeder Sorte einige Stücke beiseite legen, die restlichen fein hacken oder mit der Mandelmühle mahlen und unter den Quark mischen.

3. Den Quark mit dem Ahornsirup süßen, mit den beiseite gelegten Kernen anrichten.

Bananen-Dickmilch

Zutaten für 2 Personen:
50 g Sesamsamen
3 Eßl. Zitronensaft
2 Bananen
½ l Dickmilch
2–3 Eßl. Sanddornbeerensaft (Reformhaus, Bioladen)

Ideal für Kinder

Zubereitungszeit: etwa 15 Min.

Pro Portion etwa:
1600 kJ/ 80 kcal
15 g EW · 22 g F · 33 g KH
• 942 mg Kalium

1. Die Sesamsamen in einer trockenen Pfanne bei mittlerer Hitze unter Rühren rösten und auf einen Teller streuen. Den Zitronensaft auf einen anderen Teller geben.

2. Die Bananen schälen, einige Scheiben abschneiden und sofort im Zitronensaft und anschließend im Sesam wenden. Nebeneinander auf zwei Spieße reihen.

3. Die übrige Banane zusammen mit dem restlichen Sesam und Zitronensaft, der Dickmilch und dem Sanddornbeerensaft im Mixer pürieren. In zwei Gläser umfüllen, die Bananen-Spieße darüber legen.

Im Bild hinten: Kerniger Quark
Mitte: Bananen-Dickmilch
Vorn: Schichtkäse-Beeren-Brote

Rosinen-Buttermilch

Zutaten für 2 Personen:
100 g Rosinen
½ l Buttermilch
60 g Weizenkeime
2 Eßl. Birnen-Dicksaft
Ingwerpulver

Schnell

Zubereitungszeit: etwa 10 Min.

Pro Portion etwa:
1400 kJ/330 kcal
18 g EW · 5 g F · 62 g KH
• 1207 mg Kalium

1. Die Rosinen in einem Sieb kalt abbrausen und gründlich abtropfen lassen.

2. Etwas Buttermilch zusammen mit den Rosinen pürieren, dann die übrige Buttermilch, die Weizenkeime und den Birnen-Dicksaft dazugeben. Mit Ingwer abschmecken und in zwei hohe Gläser umfüllen.

Rosinen und Buttermilch lassen sich gut zum cremigen Drink pürieren

Buchweizen-Grütze mit Rhabarber

Rhabarber gehört zwar zu den Gemüsen, wird bei uns aber fast ausschließlich als Obst verwendet. Er ist sehr kalorienarm – in 100 g gekochtem Rhabarber stecken nur 7 kcal, so ganz nebenbei allerdings 182 mg Kalium.

Zutaten für 2 Personen:
⅛ l Milch
50 g Buchweizen-Grütze
400 g Rhabarber
1 Birne
2 Eßl. Apfel- oder Birnenkraut
150 g Joghurt (3,5%)

Preiswert

Zubereitungszeit: etwa 30 Min.

Pro Portion etwa:
1100 kJ/260 kcal
8 g EW · 6 g F · 26 g KH
• 684 mg Kalium

1. Die Milch aufkochen, die Buchweizen-Grütze einstreuen. Verrühren, gut zugedeckt bei sehr milder Hitze etwa 10 Minuten ausquellen lassen.

2. Inzwischen den Rhabarber putzen und waschen, in Stücke schneiden. Die Birne schälen, vierteln und das Kerngehäuse entfernen, das Fruchtfleisch in Spalten schneiden.

3. Das Apfel- oder Birnenkraut mit 3 Eßlöffeln Wasser in einem Topf unter Rühren aufkochen. Den Rhabarber und

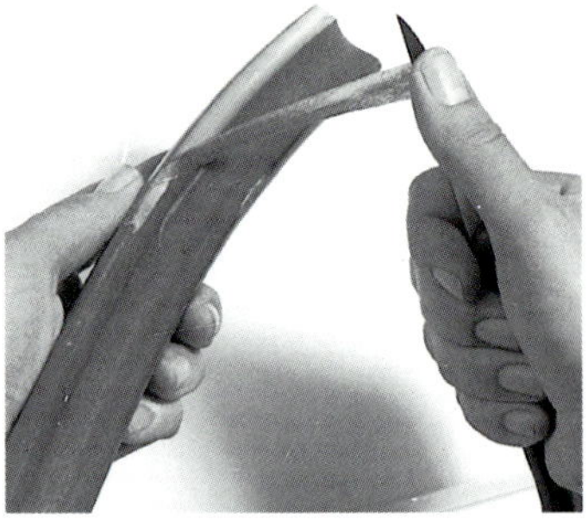

Rhabarber muß von seiner derben Schale befreit werden. Ausnahme: ganz junge, zarte Stangen

die Birnenschnitze hineingeben, gut zugedeckt bei schwacher Hitze etwa 5 Minuten dünsten. Abkühlen lassen.

4. Den Joghurt unter die Buchweizen-Grütze rühren, mit dem Rhabarber-Kompott anrichten.

Tip!

Statt zu gegarter Buchweizen-Grütze können Sie das Kompott auch zu einem Frischkorn-Müsli reichen.

Schnelle Rosinen-Nuß-Brötchen

Sie können den Sonntagmorgen ohne große Umstände mit frischen Brötchen genießen, wenn Sie den Teig bereits am Abend kneten und über Nacht in den Kühlschrank legen. Am Morgen nur kurz durchkneten, dann formen und backen.

Zutaten für 12 Stück:
450 g Weizen-Vollkornmehl
1 Päckchen Backpulver
2 große Eier und 1 Eigelb
150 g weiche Butter
2 Eßl. Honig
250 g Magerquark
1 Prise Salz
40 g Walnußkerne
40 g Pistazienkerne
100 g Rosinen
20 g Sesamsamen
Backpapier für das Blech

Gelingt leicht

Zubereitungszeit: etwa 1 Std.

Pro Stück etwa:
1400 kJ/330 kcal
11 g EW · 17 g F · 32 g KH
• 360 mg Kalium

1. Das Mehl, das Backpulver, die ganzen Eier, die Butter, den Honig, den Quark und das Salz verrühren, dann zu einem glatten Teig verkneten.

2. Die Walnußkerne und die Pistazienkerne hacken, zusammen mit den Rosinen unter den Teig kneten.

3. Den Backofen auf 175° vorheizen. Das Backblech mit Backpapier auslegen.

4. Den Teig nochmals durchkneten, dann halbieren und zu 2 Rollen formen. Jede Rolle in 6 Portionen schneiden.

5. Jede Teigportion zu einem Brötchen formen. Das Eigelb mit 2 Eßlöffeln warmem Wasser verquirlen, die Brötchen damit bestreichen. Die Sesamsamen aufstreuen. Auf das Blech setzen, im Backofen (Mitte) etwa 25 Minuten backen (Gas Stufe 2).

Den Brötchenteig zu zwei gleichen Rollen formen

Jede Rolle dann in sechs gleichmäßig große Portionen schneiden

Sanddorn-Quark mit Erdbeeren

Zutaten für 2 Personen:
30 g Sesamsamen
500 g Erdbeeren
1 Teel. Puderzucker
1 kleine unbehandelte Orange
500 g Speisequark (20%)
3 Eßl. Sanddornbeerensaft (Reformhaus, Bioladen)

Raffiniert

Zubereitungszeit: etwa 20 Min.

Pro Portion etwa:
2000 kJ/480 kcal
37 g EW · 22 g F · 31 g KH
• 740 mg Kalium

1. Die Sesamsamen in einer trockenen Pfanne unter Rühren rösten. Herausnehmen und abkühlen lassen.

2. Die Erdbeeren vorsichtig waschen und putzen. Je nach Größe halbieren oder vierteln, mit dem Puderzucker bestäuben. Die Orange heiß abwaschen, abtrocknen und etwas Schale fein abreiben, den Saft auspressen. Die Schale und den Saft mit den Erdbeeren mischen.

3. Den Quark mit dem Sanddornbeerensaft verrühren, den Sesam untermischen. Mit den Erdbeeren anrichten.

Bohnen-Avocado-Omelette

Engländer und Amerikaner starten gern deftig und üppig mit Eiern, Speck und weißen Bohnen in den Tag. Ihre Vorliebe stand bei dieser Frühstücks-Idee Pate.

Zutaten für 2 Personen:
1 Dose Kidneybohnen (400 g)
3 Teel. Butter
schwarzer Pfeffer, frisch gemahlen
Salz
1 Bund Schnittlauch
3 Eier
2 Eßl. Crème fraîche
1 kleine reife Avocado
2 Eßl. Zitronensaft

Schnell

Zubereitungszeit: etwa 15 Min.

Pro Portion etwa:
2400 kJ/570 kcal
21 g EW · 42 g F · 26 g KH
• 1079 mg Kalium

1. Die Kidneybohnen in einem Sieb abbrausen und abtropfen lassen. 1 Teelöffel Butter in einem kleinen Topf zerlassen, die Bohnen darin bei mittlerer Hitze erwärmen. Mit Pfeffer und etwas Salz würzen. Den Schnittlauch in feine Röllchen schneiden, die Hälfte davon unter die Bohnen mischen.

2. Die Eier mit der Crème fraîche verquirlen, pfeffern und salzen. Nacheinander in einer beschichteten Pfanne in je 1 Teelöffel Fett bei mittlerer Hitze 2 goldgelbe Omelettes backen. Nach dem Wenden jeweils die Hälfte der Bohnen auf dem Omelette verteilen und mitbacken.

3. Inzwischen die Avocado halbieren und den Stein entfernen. Das Fruchtfleisch schälen und in Spalten schneiden, mit dem Zitronensaft beträufeln und pfeffern. Auf den Omelettes verteilen, den übrigen Schnittlauch aufstreuen.

Schinken-Petersilien-Creme

Ein würziger Aufstrich für helle und dunkle Brote und Brötchen aller Art. Besonders köstlich schmeckt er zu knusprigem Knäckebrot.

Zutaten für 4 Personen:
2 Bund glatte Petersilie
250 g gekochter Schinken
2 Eßl. gemahlene Haselnüsse
100–150 g Joghurt (3,5%)
½ unbehandelte Zitrone
weißer Pfeffer, frisch gemahlen
Muskatnuß, frisch gerieben
4 Scheiben Knäckebrot

Raffiniert

Zubereitungszeit: etwa 30 Min.

Pro Portion etwa:
1100 kJ/260 kcal
17 g EW · 14 g F · 14 g KH
• 453 mg Kalium

1. Einige Petersilienblättchen zum Garnieren beiseite legen, die restlichen sehr fein hacken.

2. Etwas Schinken in feine Streifen oder Würfelchen schneiden und beiseite legen. Den restlichen Schinken pürieren. Die gemahlenen Haselnüsse und die gehackte Petersilie untermischen. Nur so viel Joghurt unterrühren, daß die Masse formbar bleibt. Die halbe Zitrone waschen, die Schale abreiben und untermischen. Die Zitronenhälfte auspressen. Die Schinkencreme mit Pfeffer, Zitronensaft und Muskat abschmecken.

3. Die Creme mit zwei Eßlöffeln zu Nocken formen und auf dem Knäckebrot anrichten. Mit dem beiseite gelegten Schinken und den Petersilienblättchen garnieren.

Tip!
Ist Ihnen die Creme zu weich geraten? Einfach noch 1 oder 2 Eßlöffel gemahlene Haselnüsse untermischen. Oder die Creme direkt auf die Brote streichen und mit Schinken und Petersilie garnieren.

Im Bild hinten:
Schinken-Petersilien-Creme
Im Bild vorne:
Bohnen-Avocado-Omelette

Mais-Lachs-Omelette mit Kresse

Wenn Sie zum Frühstück gerne Eier essen, sollten Sie diese stets mit frischen Kräutern, Nüssen und Mandeln oder anderen kaliumreichen Zutaten kombinieren, denn ein Hühnerei der Gewichtsklasse 4 enthält nur 87 mg Kalium.

Zutaten für 2 Personen:
4 Eier
100 g saure Sahne
Zitronenpfeffer
Salz
1 kleine Dose Maiskörner
(etwa 150 g)
75 g Räucherlachs
1 Beet Gartenkresse
2 Teel. Butter

Schnell

Zubereitungszeit: etwa 10 Min.

Pro Portion etwa:
1700 kJ/400 kcal
25 g EW · 26 g F · 18 g KH
• 543 mg Kalium

1. Die Eier mit 2 Eßlöffeln saurer Sahne, Zitronenpfeffer und etwas Salz verquirlen.

2. Den Mais abtropfen lassen. Den Räucherlachs in Würfel oder Streifen schneiden, die Kresse abschneiden.

3. Die Butter in zwei beschichteten Pfannen zerlassen. Aus den verquirlten Eiern zwei Omelettes backen, dabei gegen Ende der Garzeit den Mais, den Lachs und die Kresse aufstreuen.

4. Die übrige saure Sahne verrühren und würzen, zu den Omelettes servieren.

Für gefüllte Omelettes die Eiermasse zuerst leicht stocken lassen

Dann die Füllung gleichmäßig darauf verteilen, das Omelette fertig garen

Mandel-Roastbeef-Omelette

Zutaten für 2 Personen:
60 g Mandelblättchen
4 Eier
4 Eßl. Schmand oder saure Sahne
schwarzer Pfeffer, frisch gemahlen
Salz
1 Prise gemahlener Koriander
2 Eßl. gehackte Petersilie
100 g Roastbeef-Aufschnitt
2 Teel. Butter oder Margarine

Für Gäste

Zubereitungszeit: etwa 15 Min.

Pro Portion etwa:
2200 kJ/520 kcal
31 g EW · 43 g F · 5 g KH
• 748 mg Kalium

1. Die Mandelblättchen in einer Pfanne ohne Fett bei mittlerer Hitze unter Rühren goldbraun rösten. Herausnehmen und abkühlen lassen.

2. Die Hälfte der Mandelblättchen zerkrümeln, mit den Eiern und dem Schmand verquirlen. Mit Pfeffer, etwas Salz, Koriander und der Petersilie würzen.

3. Das Roastbeef würfeln oder in feine Streifen schneiden.

4. Das Fett in zwei kleinen beschichteten Pfannen zerlassen, bei mittlerer Hitze zwei Omelettes darin backen. Nach der Hälfte der Garzeit die übrigen Mandelblättchen und das Roastbeef einstreuen.

Grünkern-Plätzchen

Zutaten für 4 Personen:

150 g Grünkernschrot
4 Teel. Butter
400 ml leichte Gemüsebrühe
2 Eier
50 g gemahlene Mandeln
weißer Pfeffer, frisch gemahlen
Sojasauce
75 g geriebener Emmentaler
2 Eßl. Birnen- oder Apfeldicksaft
3 Eßl. Zitronensaft
400 g Möhren

Für Gäste

Zubereitungszeit: etwa 45 Min.

Pro Portion etwa:
1700 kJ/400 kcal
17 g EW · 21 g F · 25 g KH
• 660 mg Kalium

1. Den Grünkernschrot in 2 Teelöffeln Butter bei mittlerer Hitze anrösten. Die Brühe angießen und den Schrot zugedeckt bei milder Hitze etwa 20 Minuten ausquellen lassen.

Die Grünkern-Plätzchen bei mittlerer Hitze braten, damit sie nicht zu dunkel werden

2. Den Topf vom Herd nehmen, die Eier und die Mandeln unterrühren, mit Pfeffer und Sojasauce abschmecken.

3. In der restlichen Butter in einer beschichteten Pfanne kleine, etwa 1 cm dicke Plätzchen aus dem Schrotteig backen. Dabei jeweils nach dem Wenden der Plätzchen etwas Käse darauf streuen und den Deckel auf die Pfanne legen, damit der Käse schmilzt.

4. Inzwischen den Obst-Dicksaft und den Zitronensaft verquirlen. Die Möhren putzen und raspeln, darin wenden. Mit Pfeffer und etwas Sojasauce würzen. Zu den Plätzchen servieren.

Frischkäse-Brötchen

Zutaten für 4 Personen:

1–2 Eßl. Mango-Chutney (fertig aus dem Glas)
50 g gemahlene Haselnüsse
400 g körniger Frischkäse
4 Vollkorn-Brötchen
schwarzer Pfeffer, frisch gemahlen
Salz
100 g gemischte Keimlinge (zum Beispiel Alfalfa, Kresse)
4 kleine, feste Tomaten

Besonders schnell

Zubereitungszeit: etwa 20 Min.

Pro Portion etwa:
1200 kJ/290 kcal
18 g EW · 12 g F · 25 g KH
• 488 mg Kalium

1. Das Mango-Chutney mit den Haselnüssen und etwa 100 g körnigem Frischkäse verrühren. Die Brötchen halbieren und damit bestreichen.

2. Den übrigen Frischkäse mit Pfeffer und etwas Salz würzig abschmecken, auf die Brötchenhälften geben.

3. Die Keimlinge zerzupfen oder zerschneiden und auf dem Frischkäse verteilen. Die Tomaten waschen und abtrocknen, in Scheiben oder Spalten schneiden und die Brötchen damit garnieren.

Mozzarella-Petersilien-Sandwich

Zutaten für 2 Personen:
30 g Pinienkerne
1 Knoblauchzehe
30 g Walnußkerne
2 Bund glatte Petersilie
4–6 Eßl. kaltgepreßtes Olivenöl
1 Eßl. Zitronensaft
Salz
schwarzer Pfeffer, frisch gemahlen
2 Vollkorn-Brötchen
150 g Mozzarella (ersatzweise junger Gouda)
etwas Radicchio
2 kleine, feste Tomaten

Zum Mitnehmen

Zubereitungszeit: etwa 20 Min.

Pro Portion etwa:
2500 kJ/600 kcal
24 g EW · 43 g F · 25 g KH
• 795 mg Kalium

1. Die Pinienkerne in einer trockenen Pfanne unter Rühren goldbraun rösten. Die Knoblauchzehe schälen.

2. Die Pinienkerne, die Knoblauchzehe, die Walnußkerne und die Petersilie mit den Stielen mit 4 Eßlöffeln Olivenöl und dem Zitronensaft im Mixer pürieren. Mit Salz und Pfeffer würzen, eventuell noch etwas Olivenöl unterrühren, damit eine streichfähige Creme entsteht.

3. Die Brötchen halbieren und alle Hälften mit etwas Petersiliencreme bestreichen.

4. Den Mozzarella in Scheiben schneiden und diese ebenfalls mit Petersiliencreme bestreichen.

5. Den Radicchio und die Tomaten waschen. Den Radicchio zerzupfen, die Tomaten in Scheiben schneiden. Die Brötchen mit dem Radicchio, den Tomaten und dem Mozzarella belegen.

Frühlings-Rohkost mit Putenfilet

Ein Imbiß, mit dem Sie fast die Hälfte Ihres Tagesbedarfes an Kalium decken, aber nur etwa 430 kcal zu sich nehmen. Mit zartem, erntefrischem Frühlingsgemüse zubereitet schmeckt die Rohkost auch nach einem längeren Bad in würziger Marinade noch knackig und aromatisch.

Zutaten für 2 Personen:
2 Stangen Sellerie
2 kleine Möhren mit Grün
1 kleine Kohlrabiknolle
1 kleine, feste Birne
2 Eßl. Zitronensaft
3 Eßl. Obstessig
schwarzer Pfeffer, frisch gemahlen
Salz
5 Eßl. kaltgepreßtes Öl
300 g Putenbrustfilet
½ Teel. gemahlener Koriander

Kalorienarm
Zum Mitnehmen

Zubereitungszeit: etwa 30 Min.

Pro Portion etwa:
1800 kJ/430 kcal
40 g EW · 22 g F · 16 g KH
• 1453 mg Kalium

1. Das Gemüse putzen und waschen, das zarte Grün fein hacken. Den Sellerie in feine Scheiben, die Möhren und den Kohlrabi in streichholzfeine Stifte schneiden.

2. Die Birne gut abreiben, vierteln und das Kerngehäuse entfernen. Das Fruchtfleisch stifteln und sofort mit dem Zitronensaft beträufeln.

3. Den Essig mit Pfeffer, Salz und dem gehackten Gemüsegrün verquirlen, 3 Eßlöffel Öl unterschlagen.

4. Das Putenbrustfilet in Streifen schneiden, mit Pfeffer und dem Koriander würzen. Das restliche Öl in einer Pfanne erhitzen, das Fleisch darin etwa 3 Minuten unter Rühren kräftig braten. Herausnehmen und leicht salzen.

5. Das Gemüse und die Birne in der Marinade wenden und auf zwei Teller verteilen, das Putenfleisch darauf anrichten.

Bild oben:
Mozzarella-Petersilien-Sandwich
Bild unten:
Frühlings-Rohkost mit Putenfilet

Sprossen-Möhren-Sandwich

Ein Sandwich, das Sie gut an den Arbeitsplatz mitnehmen können. Möhren, Sprossen und Eisbergsalat sind nach Stunden noch knackig frisch.

Zutaten für 2 Personen:
1 Möhre (etwa 150 g)
2 Teel. Apfel- oder Birnendicksaft
1 Eßl. Apfelessig
2 Teel. Sojasauce
schwarzer Pfeffer, frisch gemahlen
50 g gemischte Sprossen (zum Beispiel Alfalfa, Kresse, Mungobohnen)
30 g Sonnenblumenkerne
100 g Doppelrahm-Frischkäse
etwas Eisbergsalat
4 Scheiben Sonnenblumenbrot

Schnell
Zum Mitnehmen

Zubereitungszeit: etwa 15 Min.

Pro Portion etwa:
2200 kJ/520 kcal
19 g EW · 24 g F · 53 g KH
• 802 mg Kalium

1. Die Möhre schälen und grob raspeln. Den Obstdicksaft, den Essig, die Sojasauce und Pfeffer verquirlen, die Möhren darin wenden. Die Sprossen zerzupfen oder zerschneiden und untermischen.

2. Die Sonnenblumenkerne fein hacken und mit dem Frischkäse verrühren, mit etwas Pfeffer abschmecken.

3. Den Eisbergsalat waschen, trockenschwenken und zerzupfen. Die Brotscheiben mit den Salatblättern belegen und diese mit dem Frischkäse bestreichen. Die Möhren-Sprossen-Mischung daraufgeben, je zwei Brotscheiben zu einem Sandwich zusammenklappen.

Für frische Sprossen die Samen oder Körnchen gründlich waschen und einige Stunden mit kaltem Wasser bedeckt einweichen. Praktisch: Keimgeräte mit mehreren Böden, damit Sie verschiedene Sprossen gleichzeitig ziehen können

Die Samen gründlich waschen, wieder in das Keimgerät geben und darin 2–6 Tage keimen lassen, bis sie sich entwickelt haben. Dabei täglich 2–4mal mit kaltem Wasser durchspülen und abtropfen lassen

Alfalfa-Tofu-Brote

Tofu ist eine Art Quark oder Käse aus Sojabohnen. Er versorgt uns mit pflanzlichem, leicht verdaulichen Eiweiß und enthält je 100 g nur 71 kcal. Kalium liefert er etwa 153 mg, also fast die doppelte Menge wie Speisequark.

Zutaten für 2 Personen:
200 g Zucchini
1 Eßl. Olivenöl
Salz
schwarzer Pfeffer, frisch gemahlen
200 g Tofu
1 Eßl. Sojasauce
1 Eßl. Tomatenmark
2 Eßl. Schnittlauchröllchen
etwas frisches Basilikum
4 Scheiben Vollkornbrot
60 g Alfalfa-Sprossen

Kalorienarm
Zum Mitnehmen

Zubereitungszeit: etwa 25 Min.

Pro Portion etwa:
1500 kJ/360 kcal
17 g EW · 47 g F · 47 g KH
• 900 mg Kalium

1. Die Zucchini waschen und in dünne Scheiben schneiden. Das Öl in einer Pfanne erhitzen, die Zucchinischeiben darin bei mittlerer Hitze von jeder Seite etwa 1 Minute braten. Herausnehmen und auf Küchenpapier abtropfen lassen, salzen und pfeffern.

2. Den Tofu mit einer Gabel zerdrücken, mit der Sojasauce und dem Tomatenmark verrühren, mit Pfeffer, Schnittlauch und feingeschnittenem Basilikum würzen.

3. Die Brotscheiben dünn mit der Tofucreme bestreichen, die Zucchinischeiben darauf verteilen. Die übrige Tofucreme aufstreichen. Die Sprossen zerzupfen und daraufgeben, je zwei Brotscheiben zu einem Sandwich zusammenklappen.

Sprossen-Sandwich mit Brie

Brie gehört mit 152 mg Kalium je 100 g zu den kaliumreichsten Käsesorten.

Zutaten für 2 Personen:
150 g reifer Brie (50%)
2 Eßl. Crème fraîche
schwarzer Pfeffer, frisch gemahlen
Salz
¼ Teel. gemahlener Kreuzkümmel
(Cumin; gibt es in Asienläden)
50 g gemischte Sprossen
2 Vollkorn-Brötchen
1 Eßl. mittelscharfer Senf
etwas Eisbergsalat
4 dünne Scheiben gekochter
Schinken (etwa 100 g)

Schnell
Zum Mitnehmen

Zubereitungszeit: etwa 15 Min.

Pro Portion etwa:
2000 kJ/480 kcal
30 g EW · 32 g F · 18 g KH
• 435 mg Kalium

1. Den Brie entrinden und mit einer Gabel zerdrücken, mit der Crème fraîche mischen. Mit Pfeffer, etwas Salz und Kreuzkümmel abschmecken. Die Sprossen zerzupfen und untermischen.

2. Die Brötchen halbieren, beide Hälften dünn mit dem Senf bestreichen. Den Salat waschen und trockenschwenken. Die Salatblätter und dann die Schinkenscheiben auf die Brötchen legen.

3. Die Käsemischung darauf verteilen, die Brötchenhälften wieder zusammenklappen.

Kartoffel-Fenchel-Salat

Reste vom sonntäglichen Mittagessen werden hier zum feinen Montagsmahl. Sie können diesen Salat am Vorabend zubereiten und über Nacht in den Kühlschrank stellen.

Zutaten für 2 Personen:
1 kleine Fenchelknolle
(etwa 200 g)
1 kleine Zwiebel
2 Eßl. kaltgepreßtes Öl
schwarzer Pfeffer, frisch gemahlen
Salz
4 Eßl. Apfelessig
300 g kleine, in der Schale
gekochte Kartoffeln
200 g gekochtes oder gebratenes,
mageres Rindfleisch

Preiswert
Zum Mitnehmen

Zubereitungszeit: etwa 20 Min.

Pro Portion etwa:
1300 kJ/310 kcal
24 g EW · 13 g F · 26 g KH
• 1476 mg Kalium

1. Den Fenchel putzen und sehr fein stifteln.

So werden die Fenchelknollen vorbereitet. Das zarte Grün sollten Sie unbedingt mitverwenden

2. Die Zwiebel schälen und sehr fein würfeln. Das Öl in einer kleinen Pfanne erhitzen. Die Zwiebel darin bei mittlerer Hitze glasig werden lassen, mit Pfeffer und etwas Salz würzen. Vom Herd nehmen, mit dem Essig ablöschen, den Fenchel untermischen.

3. Die Kartoffeln pellen und vierteln oder in dicke Scheiben schneiden. Das Fleisch in Streifen schneiden, beides mit dem Fenchel mischen. Zugedeckt im Kühlschrank durchziehen lassen.

Pilz-Quiches

Ein saftiger, schnell gekneteter Quark-Öl-Teig bildet die Grundlage für diese raffinierten Törtchen, die übrigens auch kalt ausgezeichnet schmecken und sich dadurch gut für ein sommerliches Picknick oder zum Mitnehmen ins Büro eignen.

Zutaten für 6 Personen:
100 g Speisequark (20%)
3 Eßl. Öl
1 kleines Eigelb und 2 ganze Eier
Salz
schwarzer Pfeffer, frisch gemahlen
100 g Weizen-Vollkornmehl
1 ½ Teel. Backpulver
1 Zwiebel
200 g Pfifferlinge
300 g kleine Champignons
½ Bund frisches Basilikum
Fett für die Förmchen
Mehl zum Ausrollen
50 g gemahlene Haselnüsse
100 g saure Sahne
3 Eßl. geriebener Emmentaler

Raffiniert • Für Gäste

Zubereitungszeit: etwa 1 ¼ Std.

Pro Portion etwa:
850 kJ/200 kcal
11 g EW · 12 g F · 13 g KH
• 560 mg Kalium

1. Den Quark, 2 Eßlöffel Öl und das Eigelb verrühren, mit Salz und Pfeffer würzen. Das Mehl und das Backpulver dazugeben, zum glatten Teig verkneten und etwa 30 Minuten zugedeckt ruhen lassen.

2. Inzwischen die Zwiebel schälen und klein würfeln. Die Pilze putzen und eventuell zerkleinern, Basilikumblättchen in feine Streifen schneiden. Das restliche Öl in einer Pfanne erhitzen, die Zwiebel darin glasig werden lassen. Die Pilze einige Minuten mitbraten, mit dem Basilikum, Pfeffer und etwas Salz würzen.

3. Den Backofen auf 200° vorheizen. 6 kleine Quiche-Förmchen einfetten. Den Teig auf der leicht bemehlten Arbeitsfläche etwas ausrollen, in die Förmchen drücken und diese damit auskleiden. Die Haselnüsse darauf streuen.

4. Die Pilzmischung auf den Teig geben. Die 2 Eier mit der sauren Sahne verquirlen, würzen und über die Pilze träufeln. Den Käse darüber streuen. Im Backofen (Mitte) in etwa 20 Minuten goldgelb backen (Gas Stufe 3).

Broccoli-Toasts

Ein schneller Snack, der nur wenig Kalorien, aber, dank des Broccolis und der Petersilie, viel Kalium enthält. Wichtig ist, daß Sie den Broccoli wirklich nur in ganz wenig Wasser garen, sonst wird ein großer Teil des Kaliums ausgeschwemmt.

Zutaten für 4 Personen:
400 g Broccoli
Salz
125 g gekochter Schinken
2 Eiweiß
Muskatnuß, frisch gerieben
schwarzer Pfeffer, frisch gemahlen
2 Eßl. gemahlene Mandeln
2 Eßl. gehackte Petersilie
4 Scheiben Vollkorn-Toastbrot
4 Teel. Butter

Ganz einfach

Zubereitungszeit: etwa 30 Min.

Pro Portion etwa:
830 kJ/200 kcal
13 g EW · 11 g F · 11 g KH
• 539 mg Kalium

1. Den Backofen auf 225° vorheizen. Den Broccoli putzen, waschen und kleinschneiden. Die Stiele zugedeckt in ganz wenig Salzwasser etwa 5 Minuten dünsten, dann die Röschen untermischen und noch etwa 5 Minuten mitdünsten. Gut abtropfen lassen.

2. Den Schinken winzig klein würfeln. Die 2 Eiweiß steif schlagen, mit Muskat, Pfeffer und etwas Salz würzen, den Schinken, die Mandeln und die Petersilie untermischen.

3. Die Toastbrotscheiben im Toaster goldbraun rösten. Mit der Butter bestreichen, den Broccoli gleichmäßig darauf verteilen.

4. Den gewürzten Eischnee auf die Toasts setzen. In den Backofen (Mitte) stellen und etwa 10 Minuten überbacken (Gas Stufe 4).

Spinat-Linsen-Pasteten

Zutaten für 8 Personen:
300 g Vollkorn-Blätterteig (tiefgefroren)
¼ l leichte Gemüsebrühe
125 g rote Linsen
150 g Spinat
1 kleine Zwiebel
1 Eßl. Öl
1 Knoblauchzehe
¼ Teel. Koriander
schwarzer Pfeffer, frisch gemahlen
Salz
Vollkornmehl zum Ausrollen
100 g milder Schafkäse
1 kleines Ei

Schmecken auch kalt

Zubereitungszeit: etwa 1 Std.

Pro Portion etwa:
1400 kJ/330 kcal
12 g EW · 19 g F · 30 g KH
• 452 mg Kalium

1. Die Blätterteigplatten nebeneinander auftauen lassen.

2. Inzwischen die Brühe aufkochen, die Linsen einstreuen und zugedeckt bei sehr milder Hitze etwa 10 Minuten garen.

3. Den Spinat waschen und verlesen, grob hacken. Die Zwiebel schälen und klein würfeln. Das Öl in einem Topf erhitzen, die Zwiebel darin glasig dünsten. Den Knoblauch schälen und durch die Presse dazudrücken, dann den Spinat einrühren und zugedeckt einige Minuten bei mittlerer Hitze zusammenfallen lassen. Vom Herd nehmen, den Spinat abtropfen lassen, mit Koriander, Pfeffer und Salz würzen. Den Backofen auf 200° vorheizen.

5. Die Blätterteigplatten aufeinander legen, auf der leicht bemehlten Arbeitsfläche etwas ausrollen. In 8 Stücke teilen, jedes zu einem Rechteck (etwa 15x15 cm groß) ausrollen.

6. Den Schafkäse klein würfeln, mit dem Spinat und den Linsen mischen und in der Mitte auf die Teigstücke setzen.

7. Das Ei trennen. Das Eiweiß etwas aufschlagen, die Ränder der Teigplatten damit bepinseln. Die Platten zu Dreiecken zusammenklappen, die Ränder mit einer Gabel festdrücken. Das Eigelb mit etwas Wasser verquirlen, die Pasteten damit bepinseln. Ein Backblech kalt abspülen, die Pasteten darauf setzen und im Backofen (Mitte) in etwa 25 Minuten goldbraun backen (Gas Stufe 3).

Eine Füllung aus Spinat, Schafkäse und Linsen in luftigem Vollkorn-Blätterteig

Frühlingsrollen

In Asien-Läden können Sie auch fertigen Teig für Frühlingsrollen kaufen: Getrocknete Teigplatten, die Sie vor dem Füllen einweichen müssen, oder tiefgefrorene Teigplatten, die nach dem Auftauen einsatzbereit sind.

Zutaten für 4 Personen:
125 g Weizen-Vollkornmehl
Salz
150 g Putenbrustfilet
1 walnußgroßes Stück frischer Ingwer
Sojasauce
1 Teel. Sesamöl
schwarzer Pfeffer, frisch gemahlen
200 g Bambussprossen aus der Dose
100 g frische Bohnenkeimlinge
50 g Brunnenkresse oder Spinat
Öl

Spezialität aus Asien

Zubereitungszeit: etwa 1 Std.

Pro Portion etwa:
1200 kJ/290 kcal
16 g EW · 15 g F · 23 g KH
• 695 mg Kalium

1. Das Mehl mit ½ Teelöffel Salz und ¼ l Wasser zu einem glatten Teig verrühren und zugedeckt mindestens 30 Minuten quellen lassen.

2. Das Fleisch in feine Streifen schneiden. Den Ingwer schälen und klein würfeln, mit 2 Eßlöffeln Sojasauce, dem Sesamöl und Pfeffer verquirlen, das Fleisch darin wenden.

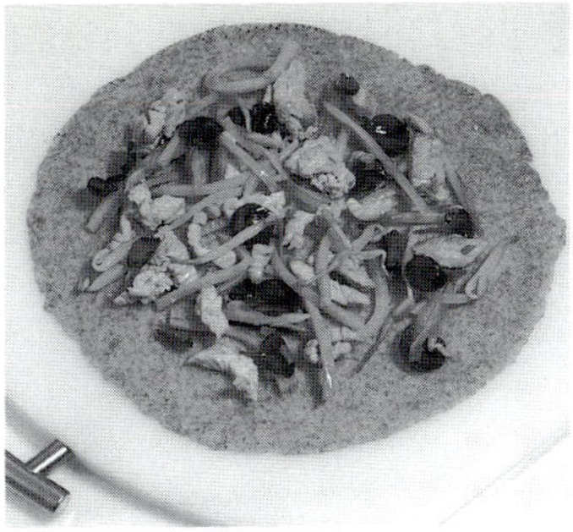

Für die Frühlingsrollen die Füllung gleichmäßig auf hauchdünne Pfannkuchen verteilen

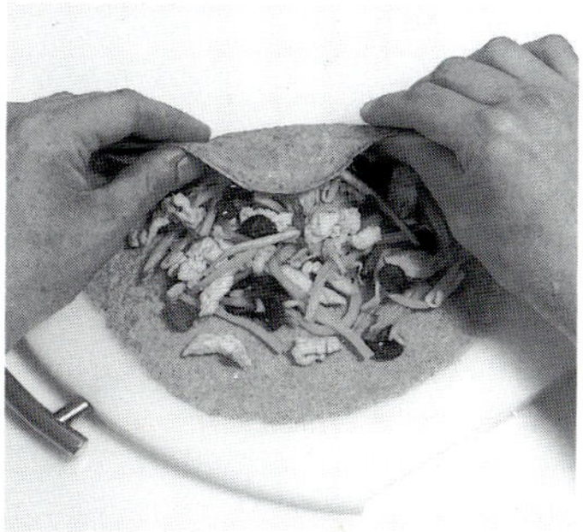

Die Pfannkuchen dann vorsichtig aufrollen, die Seiten dabei nach innen einschlagen

3. Die Bambussprossen abtropfen lassen und eventuell kleinschneiden. Die Bohnenkeimlinge waschen, die Brunnenkresse waschen, verlesen und in Streifen schneiden.

4. 1 Eßlöffel Öl in einer Pfanne erhitzen, das Putenfleisch darin unter Rühren etwa 2 Minuten braten. Die Bambussprossen und die Bohnenkeimlinge untermischen, noch etwa 2 Minuten mitbraten. Die Brunnenkresse untermischen. Alles in eine Schüssel umfüllen.

5. Ganz wenig Öl in der Pfanne erhitzen, eine Schöpfkelle Teig hineingeben und durch Schwenken der Pfanne verteilen. Einen goldgelben Pfannkuchen backen, herausnehmen, nacheinander vier Pfannkuchen aus dem Teig backen.

6. Die Pfannkuchen auf der Arbeitsfläche ausbreiten, die Füllung darauf verteilen. Einrollen, dabei die Ränder der Pfannkuchen nach innen einschlagen, damit die Füllung nicht herausfallen kann. Die Ränder mit Wasser befeuchten und festdrücken.

7. Reichlich Öl in einer Friteuse oder in einem Topf erhitzen, die Frühlingsrollen darin von beiden Seiten goldbraun fritieren. Auf Küchenpapier abtropfen lassen. Mit Sojasauce servieren.

Überbackene Thunfisch-Brote

Getrocknete Aprikosen sorgen bei diesen Broten für Saftigkeit, fruchtiges Aroma und Kaliumreichtum. 100 g der Trockenfrüchte enthalten stolze 1370 mg Kalium.

Zutaten für 4 Personen:
100 g getrocknete Aprikosen
1 Bund Frühlingszwiebeln
1 Dose Thunfisch in Öl (200 g)
1 Eßl. Öl
1 Knoblauchzehe
schwarzer Pfeffer, frisch gemahlen
2 Teel. frische Thymianblättchen (oder 1/2 Teel. getrockneter Thymian)
Salz
4 Scheiben helles Vollkornbrot
75 g geriebener Emmentaler

Schnell

Zubereitungszeit: etwa 20 Min.

Pro Portion etwa:
1700 kJ/400 kcal
24 g EW · 19 g F · 37 g KH
• 832 mg Kalium

1. Den Backofen auf 225° vorheizen.

2. Die Aprikosen heiß abwaschen, gut abtropfen lassen und in feine Streifen schneiden. Die Frühlingszwiebeln putzen und in feine Ringe schneiden. Den Thunfisch gut abtropfen lassen.

3. Das Öl in einer Pfanne erhitzen, den Knoblauch schälen und durch die Presse dazudrücken, dann die Frühlingszwiebeln und die Aprikosen einrühren. Mit Pfeffer, dem Thymian und etwas Salz würzen, bei mittlerer Hitze etwa 5 Minuten unter Rühren garen.

4. Die Zwiebelmischung auf den Brotscheiben verteilen. Den Thunfisch zerpflücken und ebenfalls auf den Broten verteilen. Den Käse aufstreuen, die Brote auf ein Blech setzen und in den Backofen (Mitte) schieben. Überbacken, bis der Käse zerläuft (Gas Stufe 4).

Kartoffel-Suppe mit Garnelen

Obwohl die Kartoffeln erst geschält und dann gegart werden, geht kaum Kalium verloren, da der Kochsud ja die Grundlage der Suppe bildet.

Zutaten für 4 Personen:
600 g Kartoffeln
1 Zwiebel
1 ½ Eßl. Butterschmalz
600 ml Hühnerbrühe
weißer Pfeffer, frisch gemahlen
20 g Sesamsamen
125 g geschälte und gegarte Tiefseegarnelen
Cayennepfeffer
2 Eßl. trockener Wermut nach Belieben
Salz
einige Dillzweiglein

Für Gäste

Zubereitungszeit: etwa 40 Min.

Pro Portion etwa:
800 kJ/190 kcal
10 g EW · 7 g F · 21 g KH
• 629 mg Kalium

1. Die Kartoffeln und die Zwiebel schälen und würfeln, in einem breiten Topf in 1 Eßlöffel Butterschmalz bei mittlerer Hitze anschwitzen. Mit der Brühe ablöschen, pfeffern und zugedeckt bei milder Hitze etwa 15 Minuten garen.

2. Inzwischen die Sesamsamen in einer Pfanne im restlichen Butterschmalz bei mittlerer Hitze rösten. Die Garnelen kurz mitbraten, mit Cayennepfeffer würzen.

3. Die Suppe mit dem Pürierstab leicht pürieren. Nochmals aufkochen und mit Pfeffer, eventuell dem Wermut und etwas Salz abschmecken. Die Garnelen darin servieren, den Dill hacken und aufstreuen.

Feldsalat mit Hasenfilet

Mit diesem Gericht nehmen Sie bei ganzen 130 kcal fast 600 mg Kalium zu sich. Das Hasenfleisch enthält je 100 g 400 mg Kalium, und auch Feldsalat und Radieschen sind leicht, aber kaliumreich.

Zutaten für 4 Personen:
1 ungespickter Hasenrücken (küchenfertig vorbereitet, etwa 600 g)
2 Teel. Wacholderbeeren
schwarzer Pfeffer, grob gemahlen
1 Zwiebel
1 kleine Möhre
2 Eßl. Öl
125 g Feldsalat
Salz
4 Eßl. Apfelessig
1 Bund Radieschen

Kalorienarm • Für Gäste

Zubereitungszeit: etwa 40 Min.

Pro Portion etwa:
530 kJ/130 kcal
15 g EW · 6 g F · 3 g KH
• 594 mg Kalium

1. Die Filets aus dem Hasenrücken auslösen, eventuell häuten. Die Wacholderbeeren im Mörser zerdrücken, mit etwas Pfeffer mischen und die Hasenfilets damit einreiben.

2. Den Hasenrücken zerhacken. Die Zwiebel und die Möhre schälen und grob würfeln. 1 Eßlöffel Öl in einem Topf erhitzen, die Knochen, die Zwiebel und die Möhre darin bei starker Hitze unter Rühren anrösten. Mit ¼ l Wasser ablöschen, zugedeckt bei milder Hitze etwa 20 Minuten köcheln lassen.

3. Inzwischen den Feldsalat gründlich waschen, trockenschwenken und verlesen, auf Tellern anrichten.

4. 1 Eßlöffel Öl in einer Pfanne erhitzen, die Hasenfilets darin scharf anbraten, dann bei milder Hitze rundum noch etwa 5 Minuten braten. Salzen, in schräge Scheiben schneiden und auf den Salattellern anrichten.

5. Die Hasenbrühe durch ein Sieb in die Pfanne gießen, bei starker Hitze bis auf etwa 6 Eßlöffel einkochen. Vom Herd nehmen, den Essig einrühren, mit Pfeffer und etwas Salz würzen. Über den Salat träufeln. Die Radieschen putzen und waschen, grob raspeln, auf den Salat streuen.

Bild oben:
Kartoffelsuppe mit Garnelen
Bild unten: Feldsalat mit Hasenfilet

Petersilien-creme-Suppe mit Tomaten

Die Suppe wird besonders raffiniert, kalorienarm und zugleich kaliumreich gebunden – durch Kartoffeln, die mitgegart und püriert werden.

Zutaten für 4 Personen:
250 g Kartoffeln
1 Zwiebel
3 Bund glatte Petersilie
1 1/2 Eßl. Butterschmalz
3/4 l Gemüsebrühe
Zitronenpfeffer
100 g Crème fraîche
Worcestersauce
Salz
200 g kleine, feste Tomaten

Raffiniert • Vegetarisch

Zubereitungszeit: etwa 40 Min.

Pro Portion etwa:
990 kJ/240 kcal
4 g EW · 19 g F · 13 g KH
• 609 mg Kalium

1. Die Kartoffeln waschen, schälen und grob würfeln. Die Zwiebel pellen und fein würfeln. Die Petersilienstiele abschneiden.

2. 1 Eßlöffel Butterschmalz in einem Topf zerlassen, die Kartoffel- und die Zwiebelwürfel und die Petersilienstiele darin unter Rühren bei mittlerer Hitze etwa 5 Minuten anschwitzen. Mit der Brühe ablöschen und mit Zitronenpfeffer würzen, dann zugedeckt bei milder Hitze etwa 15 Minuten garen.

3. Die Suppe vom Herd nehmen, zwei Drittel der Petersilienblättchen einstreuen, im Topf mit dem Pürierstab pürieren. Die Crème fraîche einrühren, aufkochen und mit Zitronenpfeffer, Worcestersauce und etwas Salz abschmecken.

Die Zutaten für die Suppe mit dem Pürierstab direkt im Topf pürieren

4. Die Tomaten waschen und klein würfeln. Das restliche Butterschmalz in einer kleinen Pfanne zerlassen, die Tomatenwürfel darin anschwitzen. Die übrigen Petersilienblättchen hacken und einrühren, auf der Suppe verteilen.

Tip!

Statt als Suppe können Sie die Creme auch als raffinierte Sauce zu einem Putenbraten oder zu anderem Fleisch servieren, Sie sollten sie nur bei starker Hitze schnell etwas dicklicher einkochen lassen.

Spinat-Salat mit roten Beten

Die roten Beten für diesen Salat werden ungeschält gedünstet – dadurch kann nur wenig Kalium in das Wasser verloren gehen. Überhaupt ist dieser Salat ein optimaler Kaliumlieferant, in dem nur wenig Energie steckt.

Zutaten für 4 Personen:
4 kleine rote Beten (etwa 500 g)
Salz
100 g junger Blattspinat
1 Stück frischer Meerrettich,
etwa 5 cm lang
250 g Joghurt (3,5%)
1 Bund glatte Petersilie
schwarzer Pfeffer, frisch gemahlen

Kalorienarm

Zubereitungszeit: etwa 1 1/4 Std.

Pro Portion etwa:
420 kJ/100 kcal
5 g EW · 3 g F · 14 g KH
• 645 mg Kalium

1. Die roten Beten gründlich waschen und abbürsten. In leicht gesalzenem Wasser 50–60 Minuten garen.

2. Inzwischen den Blattspinat gründlich waschen und verlesen. Gut abtropfen lassen.

3. Den Meerrettich waschen und schälen, fein reiben und mit dem Joghurt verrühren. Die Petersilie fein hacken und untermischen. Die Sauce mit

Pfeffer und etwas Salz abschmecken.

4. Die roten Beten abgießen, kalt abschrecken und etwas abkühlen lassen, dann pellen und in dünne Scheiben schneiden. Als Kranz außen auf vier Teller legen, den Spinat in die Mitte geben. Das Dressing darüber träufeln.

Die roten Beten werden nach dem Garen geschält und in dünne Scheiben geschnitten

Das Auge ißt bekanntlich mit – deshalb werden die Scheiben kranzförmig auf dem Teller arrangiert

Marinierter Broccoli

Eine raffinierte Art, kaliumreiches Gemüse zu servieren. Der Broccoli schmeckt als Vorspeise ebenso wie als Beilage zu kurzgebratenem Fleisch.

Zutaten für 4 Personen:
600 g Broccoli
Salz
1 Knoblauchzehe
3 Schalotten
3 Eßl. Balsamessig (Aceto balsamico)
schwarzer Pfeffer, frisch gemahlen
1 Eßl. Marsala (italienischer Likörwein) nach Belieben
3 Eßl. Olivenöl
40 g geröstete Erdnüsse

Für Gäste
Gut vorzubereiten

Zubereitungszeit: etwa 1 Std.

Pro Portion etwa:
610 kJ/150 kcal
7 g EW · 11 g F · 4 g KH
• 565 mg Kalium

1. Den Broccoli putzen und waschen, Röschen und Stiele voneinander trennen. Die Röschen zerteilen, die Stiele kleinschneiden.

2. Ganz wenig Salzwasser in einem Topf aufkochen, den Knoblauch schälen und durch die Presse dazugeben. Die Broccolistiele gut zugedeckt bei mittlerer Hitze etwa 4 Minuten dünsten. Dann die Röschen dazugeben und alles weitere 4 Minuten dünsten.

3. Inzwischen die Schalotten schälen und sehr fein würfeln. Mit dem Essig verrühren, mit Pfeffer und eventuell dem Marsala würzen, zuletzt das Olivenöl unterschlagen. Mit etwas Salz abschmecken.

4. Den Broccoli sehr gründlich abtropfen lassen, noch heiß in der Marinade wenden, darin abkühlen lassen. Zum Servieren die Erdnüsse aufstreuen.

Rosenkohl-Puten-Rollbraten

Putenbrustfilet ist als Schlankmacher bestens bekannt, 100 g von diesem zarten Fleisch enthalten nur 105 kcal. Kaliumreich ist es außerdem – es stecken 333 mg darin.

Zutaten für 4 Personen:
750 g Rosenkohl
750 g Putenbrustfilet (ein möglichst gleichmäßiges Stück)
200 g Edelpilzkäse (zum Beispiel Gorgonzola)
schwarzer Pfeffer, frisch gemahlen
Paprikapulver, edelsüß
1 ½ Eßl. Butterschmalz
Salz
200 ml Brühe
750 g längliche Kartoffeln

Raffiniert • Für Gäste

Zubereitungszeit: etwa 1 ½ Std.

Pro Portion etwa:
2400 kJ/570 kcal
66 g EW · 22 g F · 29 g KH
• 1892 mg Kalium

1. Den Rosenkohl putzen und waschen. Die äußeren Blättchen ablösen und beiseite legen, die Strünke kreuzweise einschneiden, die Röschen zugedeckt beiseite stellen.

2. Das Fleischstück so aufschneiden, daß eine flache, möglichst große Scheibe entsteht. Auf der Arbeitsfläche ausbreiten.

3. Den Käse zerdrücken, mit Pfeffer und Paprikapulver verrühren und auf das Fleisch streichen. Die abgelösten Rosenkohlblättchen darauf verteilen. Das Fleisch von einer Schmalseite aus zu einem Rollbraten aufwickeln und mit Küchengarn zusammenbinden.

4. 1 Eßlöffel Butterschmalz in einem Schmortopf schmelzen lassen, den Rollbraten darin rundherum bei starker Hitze braun anbraten. Mit Pfeffer, Paprikapulver und etwas Salz würzen, gut die Hälfte der Brühe angießen. Das Fleisch zugedeckt bei milder Hitze etwa 30 Minuten schmoren, zwischendurch wenden.

5. Inzwischen die Kartoffeln waschen, schälen und längs vierteln oder achteln. Nach den 30 Minuten zum Rollbraten geben, alles zusammen weitere 20 Minuten schmoren.

6. Das restliche Butterschmalz in einem Topf zerlassen, die Rosenkohlröschen darin bei mittlerer Hitze anschwitzen. Die übrige Brühe angießen, den Rosenkohl zugedeckt bei milder Hitze in etwa 15 Minuten gar dünsten.

7. Das Fleisch herausnehmen und warmhalten. Den Rosenkohl abgießen, den Sud auffangen und in den Schmortopf geben. Mit dem Bratensaft gut verrühren, eventuell offen etwas einkochen lassen und dann würzig abschmecken.

8. Vom Braten das Küchengarn entfernen, das Fleisch in Scheiben schneiden und mit der Sauce, den Kartoffeln und dem Rosenkohl servieren.

Tip!
Wenn Sie lieber eine cremige Sauce zum Fleisch servieren möchten, können Sie zusammen mit dem Rosenkohlsud noch ½ Becher Crème fraîche oder Crème double in den Schmortopf rühren.

Im Bild: Rosenkohl-Puten-Rollbraten – mit cremiger Sauce (siehe Tip)

Rostbraten Esterhazy

Zutaten für 4 Personen:
400 g Möhren
250 g Petersilienwurzel
100 g Knollensellerie
2 Zwiebeln
600 g Rostbraten ohne Knochen (oder 4 Rinderfilets, je etwa 150 g)
4 Eßl. Weizen-Vollkornmehl
4 Eßl. Schweineschmalz
¼ l Brühe
⅛ l trockener Weißwein
schwarzer Pfeffer, frisch gemahlen
Salz
1 Bund glatte Petersilie
1 Lorbeerblatt
1 Eßl. Weinessig
1 Teel. frischer Thymian (oder ¼ Teel. getrockneter)
1 Teel. scharfer Senf
200 g saure Sahne

Spezialität aus Ungarn

Zubereitungszeit: etwa 1 Std.

Pro Portion etwa:
2000 kJ/480 kcal
36 g EW · 25 g F · 19 g KH
• 1658 mg Kalium

1. Die Möhren, die Petersilienwurzel und den Sellerie putzen, waschen und in streichholzfeine Stifte schneiden. Die Zwiebeln schälen und würfeln.

2. Den Rostbraten in 4 gleichmäßige Scheiben schneiden, die Scheiben in etwa 3 Eßlöffeln Mehl wenden.

3. 2 Eßlöffel Schmalz in einer Pfanne erhitzen, die Fleischscheiben von beiden Seiten kurz und kräftig anbraten. Nebeneinander in einen Schmortopf oder Bräter legen.

4. Das restliche Schmalz in der Pfanne zerlassen, die Zwiebeln goldgelb rösten. Das vorbereitete Gemüse einrühren und anschwitzen, mit der Brühe und dem Wein ablöschen. Mit Pfeffer und etwas Salz würzen, kurz aufkochen, dann den Sud durch ein Sieb zum Fleisch gießen. Das Gemüse im Sieb beiseite stellen.

5. Die Hälfte der Petersilie fein hacken, mit dem Lorbeerblatt, dem Essig, dem Thymian und dem Senf zum Fleisch geben. Zugedeckt bei milder Hitze etwa 10 Minuten schmoren.

6. Das Gemüse darübergeben, alles weitere 15 Minuten zugedeckt bei milder Hitze schmoren.

7. Das Fleisch herausnehmen und warm halten. Die saure Sahne mit dem restlichen Mehl verquirlen und in den Schmorfond rühren, bei starker Hitze kurz durchkochen. Würzig abschmecken.

Der Bratenfond wird mit saurer Sahne frisch-säuerlich abgerundet

8. Das Fleisch und die Gemüsesauce zusammen anrichten, die restliche Petersilie fein hacken und darüber streuen.

Forellen mit Cashewkernen

Zutaten für 2 Personen:
400 g kleine Kartoffeln
2 große küchenfertige Forellen (je etwa 350 g)
Saft von ½ Zitrone
weißer Pfeffer, frisch gemahlen
¼ Teel. Koriander, gemahlen
Salz
1 Bund glatte Petersilie
2 Zweige Estragon
50 g Cashewkerne
1 Eßl. Butter
100 g Crème fraîche

Gelingt leicht

Zubereitungszeit: etwa 30 Min.

Pro Portion etwa:
3300 kJ/790 kcal
59 g EW · 44 g F · 42 g KH
• 2404 mg Kalium

1. Die Kartoffeln gründlich waschen und abbürsten, in wenig Wasser gar dünsten.

2. Inzwischen die Forellen unter fließendem Wasser innen und außen vorsichtig waschen. Mit Küchenpapier abtrocknen.

3. Die Forellen innen und außen mit 2–3 Eßlöffeln Zitronensaft beträufeln und mit Pfeffer, Koriander und etwas Salz bestreuen. Je 1 Petersilien- und Estragonzweig in die Bauchhöhlen geben.

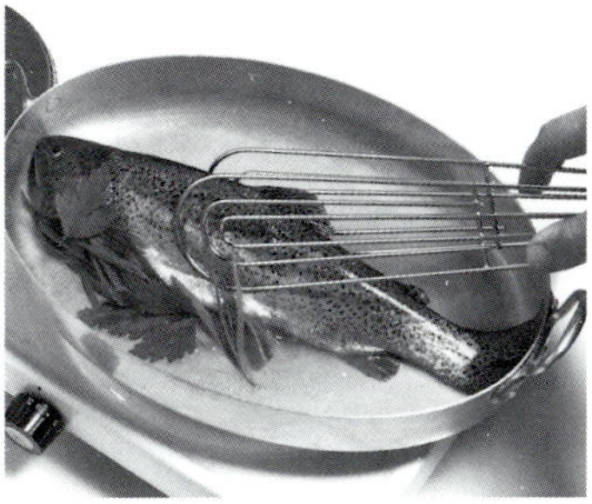

Mit solch einer »Zange« läßt sich die Forelle heil in die Form legen und später auch wenden

4. Die Cashewkerne grob hacken, zusammen mit der Butter in eine große Pfanne geben. Bei mittlerer Hitze die Cashewkerne goldgelb rösten, herausnehmen und beiseite stellen.

5. Die Forellen in die Pfanne legen, etwa 15 Minuten bei milder Hitze braten, zwischendurch wenden. Dann auf eine Platte legen, abgedeckt warm halten.

6. Die Crème fraîche und die Cashewkerne in die Pfanne geben, verrühren und kräftig durchkochen. Die übrige Petersilie fein hacken und einrühren. Die Sauce abschmecken und über die Forellen verteilen.

7. Die Kartoffeln abgießen, abdampfen lassen, pellen und dazu servieren.

Glasiertes Schweinefilet

Frischer Staudensellerie, würzige Honigmarinade und Orangenaroma ergänzen sich vorzüglich. Das Gemüse versorgt Sie zudem gut mit Kalium: In 100 g sind 344 mg enthalten.

Zutaten für 2 Personen:
1 kleine unbehandelte Orange
2 Eßl. Sojasauce
2 Eßl. flüssiger Honig
schwarzer Pfeffer, frisch gemahlen
1 Schweinefilet (etwa 250 g)
1 Staude Sellerie (etwa 500 g)
1 Eßl. Öl

Raffiniert

Zubereitungszeit: etwa 30 Min.
(+ 12–24 Std. Marinierzeit)

Pro Portion etwa:
1500 kJ/360 kcal
27 g EW · 19 g F · 20 g KH
• 1229 mg Kalium

1. Die Orange heiß abwaschen, abtrocknen. Die Schale fein abreiben und mit der Sojasauce und dem Honig verquirlen, kräftig pfeffern.

2. Das Schweinefilet in der Marinade wenden, zugedeckt über Nacht im Kühlschrank durchziehen lassen.

3. Den Sellerie putzen und waschen. Das Grün beiseite legen, die Stangen in schräge Scheiben schneiden.

4. Das Öl in einer Pfanne erhitzen. Das Schweinefilet abtropfen lassen, abtupfen und in der Pfanne bei mittlerer Hitze rundherum anbraten.

5. Die Selleriescheiben dazugeben, unter Rühren mit anbraten. Die Marinade angießen, alles zugedeckt etwa 10 Minuten bei mittlerer Hitze garen, zwischendurch umrühren und das Fleisch wenden.

6. Die Orange dick abschälen, die Filets mit einem Messer herauslösen, in die Pfanne geben und kurz erhitzen. Das Schweinefilet in schräge Scheiben schneiden, mit dem Sellerie und den Orangenfilets anrichten. Das Selleriegrün hacken und aufstreuen.

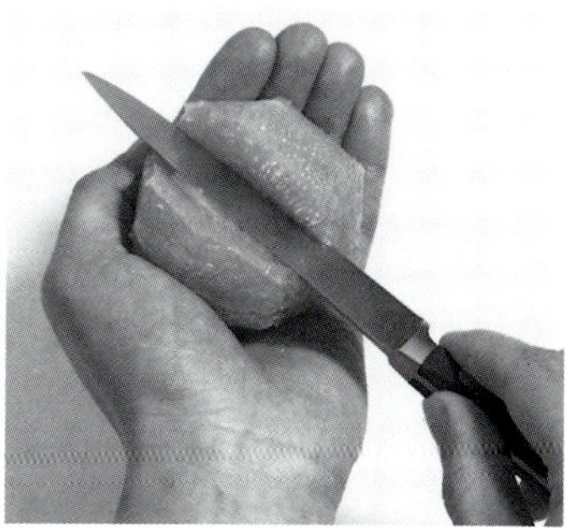

Für gleichmäßige Orangenfilets werden die einzelnen Segmente zwischen den Trennhäuten herausgeschnitten

Quinoa-Gemüse-Pfanne

Quinoa ist ein uraltes getreideähnliches Gewächs aus Südamerika. Die Körnchen mit dem nussigen Aroma enthalten reichlich Eiweiß und Mineralstoffe wie Kalium, Calcium, Magnesium und Eisen. Man kann Quinoa für nahezu alle Gerichte verwenden, die sonst mit Reis zubereitet werden.

Zutaten für 4 Personen:
500 g Möhren
2 Kohlrabiknollen (etwa 500 g)
100 g Zuckerschoten
3 Eßl. Öl
2 Eßl. flüssiger Honig
2 Zwiebeln
250 g Quinoa
schwarzer Pfeffer, frisch gemahlen
Ingwerpulver
Salz
75 g Mozzarella

Vollwertrezept

Zubereitungszeit: etwa 1 Std.

Pro Portion etwa:
1800 kJ/430 kcal
15 g EW · 12 g F · 57 g KH
• 1325 mg Kalium

1. Die Möhren und die Kohlrabiknollen putzen, waschen und in kleine, gleichmäßige Würfel schneiden, das zarte Kohlrabigrün beiseite legen. Die Zuckerschoten putzen und in Stücke schneiden.

2. 1 Eßlöffel Öl in einer großen Pfanne erhitzen, die Möhren- und die Kohlrabiwürfel darin bei mittlerer Hitze unter Rühren anbraten. Die Zuckerschoten und den Honig einrühren, kurz garen. Aus der Pfanne nehmen.

3. Die Zwiebeln schälen und klein würfeln, mit dem restlichen Öl in die Pfanne geben und glasig werden lassen. Das Quinoa waschen, einrühren und mit ½ l Wasser ablöschen. Zugedeckt etwa 10 Minuten bei schwacher Hitze garen.

4. Das Gemüse wieder untermischen, mit Pfeffer, Ingwer und etwas Salz abschmecken, noch etwa 5 Minuten garen. Den Mozzarella klein würfeln und aufstreuen, zugedeckt noch kurz überbacken, bis der Käse zerläuft. Das Kohlrabigrün hacken und aufstreuen.

Gebackene Kartoffeln mit Chili

In Folie gewickelt und im Ofen gebacken – so behalten Kartoffeln optimal ihren hohen Kaliumgehalt und ihr Aroma. Auch das scharfe Chili mit den Kidneybohnen, eine Spezialität der mexikanischen Küche, und die Avocadocreme versorgen Sie gut mit Kalium.

Zutaten für 4 Personen:
4 große Kartoffeln (je etwa 250 g)
600 g Fleischtomaten
1 Bund Frühlingszwiebeln
2 Eßl. Öl
2 Knoblauchzehen
400 g gemischtes Hackfleisch
1/8 l Brühe
1 Dose Kidneybohnen (400 g)
schwarzer Pfeffer, frisch gemahlen
Tabasco
Salz
1 reife Avocado
150 g saure Sahne

Preiswert

Zubereitungszeit: etwa 1 1/4 Std.

Pro Portion etwa:
3100 kJ/740 kcal
34 g EW · 41 g F · 58 g KH
• 2465 mg Kalium

1. Den Backofen auf 225° vorheizen. Die Kartoffeln gründlich waschen und abbürsten. Dann abtrocknen und einzeln in Alufolie wickeln. Auf einem Rost im Backofen (Mitte) etwa 1 Stunde backen (Gas Stufe 4).

2. Inzwischen die Tomaten überbrühen, häuten und grob würfeln. Die Frühlingszwiebeln putzen, waschen, die weißen Teile klein würfeln, das Grün in dünne Ringe schneiden. Das Öl in einem Schmortopf erhitzen, die weißen Zwiebelteile bei mittlerer Hitze glasig dünsten. Den Knoblauch schälen und dazupressen.

3. Das Hackfleisch unter Rühren krümelig braten, dann die vorbereiteten Tomaten und die Brühe einrühren. Die Bohnen in einem Sieb kalt abbrausen und dazugeben. Mit Pfeffer, Tabasco und Salz würzen, das Zwiebelgrün einrühren. Alles zugedeckt etwa 30 Minuten bei milder Hitze schmoren.

4. Die Avocado halbieren, den Stein entfernen. Das Fruchtfleisch schälen, pürieren und mit Pfeffer, Salz und Tabasco kräftig würzen. Die saure Sahne salzen und pfeffern. Die Kartoffeln aus der Folie wickeln. Das Chili würzig abschmecken, mit der Avocadocreme und der Sahne zu den Kartoffeln reichen.

Linsen-Eintopf

Zutaten für 4 Personen:
250 g Linsen
1 Lorbeerblatt
125 g getrocknete Aprikosen
300 g mageres, gemischtes Hackfleisch
40 g Vollkorn-Semmelbrösel
1 Ei
schwarzer Pfeffer, frisch gemahlen
½ Teel. gemahlener Kreuzkümmel (Cumin; gibt es in Asienläden)
Salz
1 Eßl. Butterschmalz
250 g Möhren
250 g Lauch

Preiswert

Zubereitungszeit: 1–1½ Std.

Pro Portion etwa:
2400 kJ/570 kcal
36 g EW · 20 g F · 61 g KH
• 1406 mg Kalium

1. Die Linsen waschen und mit 1½ l kaltem Wasser und dem Lorbeerblatt in einen Topf geben, alles aufkochen und dann zugedeckt (je nach Sorte und Alter der Linsen) ½ bis 1 Stunde bei milder Hitze garen. Zwischendurch probieren.

2. Inzwischen die Aprikosen heiß abwaschen. In Streifen schneiden und in Wasser einweichen.

3. Das Hackfleisch mit den Semmelbröseln, dem Ei, Pfeffer, Kreuzkümmel und Salz pikant würzen. Etwa 2 Eßlöffel Aprikosenstreifen fein würfeln und untermischen. Aus dem Hackfleischteig walnußgroße Klößchen formen. Das Butterschmalz in einer Pfanne erhitzen, die Klößchen bei mittlerer Hitze rundherum etwa 10 Minuten braten.

4. Die Möhren und den Lauch putzen und waschen, in dünne Scheiben schneiden. Mit den übrigen Aprikosenstreifen zu den Linsen geben, alles noch etwa 10 Minuten garen. Würzig abschmecken, die Hackfleischklößchen darin servieren.

Beim Formen der Fleischbällchen die Hände immer wieder unter kaltes Wasser halten

Die Fleischbällchen dann bei mittlerer Hitze rundherum etwa 10 Minuten braten

Hackfleisch-Klößchen auf Bohnencreme

Zutaten für 4 Personen:
250 g getrocknete weiße Bohnen
1 Vollkorn-Brötchen vom Vortag
2 Bund glatte Petersilie
500 g mageres, gemischtes Hackfleisch
2 kleine Eier
2 Eßl. Tomatenmark
schwarzer Pfeffer, frisch gemahlen
1 Teel. getrockneter Thymian
Salz
2 Eßl. Öl
4 Sardellenfilets
1 kleines Glas Kapern (etwa 50 g)
100 g Crème fraîche

Raffiniert • Preiswert

Zubereitungszeit: etwa 2 ½ Std.
(+ 12–24 Std Einweichzeit)

Pro Portion etwa:
2900 kJ/690 kcal
43 g EW · 43 g F · 36 g KH
• 1299 mg Kalium

1. Die Bohnen über Nacht in 1 l Wasser einweichen.

2. Am nächsten Tag die Bohnen im Einweichwasser aufkochen, gut zugedeckt bei milder Hitze 1–2 Stunden (je nach Sorte) garen. Zwischendurch probieren.

3. Das Brötchen mit heißem Wasser übergießen, kurz quellen lassen. 1 Bund Petersilie fein hacken. Das Brötchen ausdrücken und mit dem Hackfleisch, den Eiern und dem

Tomatenmark verkneten, mit Pfeffer, Thymian, Salz und der Petersilie würzen. Walnußgroße Bällchen formen.

4. Das Öl in einer Pfanne erhitzen, die Klößchen rundherum scharf anbraten, dann bei mittlerer Hitze noch etwa 10 Minuten rundherum anbräunen.

5. Inzwischen die weichgekochten Bohnen und die Sardellenfilets im Mixer pürieren. Das Bohnenpüree aufkochen, die Kapern mit dem Einlegesud und die Crème fraîche einrühren, mit Pfeffer und Salz würzig abschmecken. Die Klößchen dazu servieren, die restliche Petersilie hacken und aufstreuen.

Sojabohnen-Lamm-Ragout

Zwar sind alle Hülsenfrüchte kaliumreich, Sojabohnen aber stehen mit Abstand an der Spitze. 100 g davon enthalten 1750 mg Kalium, bei der gleichen Menge Kichererbsen sind es nur 580 mg.

Zutaten für 4 Personen:
250 g getrocknete gelbe Sojabohnen
600 g Lammschulter ohne Knochen
3 Eßl. Öl
2 Knoblauchzehen
2 Teel. getrockneter Oregano
schwarzer Pfeffer, frisch gemahlen
3–4 Eßl. Sojasauce
Salz
350 g Lauch
500 g Tomaten

Braucht etwas Zeit

Zubereitungszeit: etwa 2 ½ Std. (+ 12–24 Std. Einweichzeit)

Pro Portion etwa:
3100 kJ/740 kcal
53 g EW · 45 g F · 10 g KH
• 2229 mg Kalium

1. Die Sojabohnen über Nacht in 1 l kaltem Wasser einweichen.

2. Die Bohnen am nächsten Tag im Einweichwasser zum Kochen bringen, abschäumen, die Bohnen bei milder Hitze gut zugedeckt etwa ½ Stunde kochen lassen.

3. Inzwischen das Lammfleisch in Würfel schneiden. Das Öl in einem großen Schmortopf erhitzen, das Fleisch darin rundherum braun anbraten. Die Hitze reduzieren, den Knoblauch schälen und über das Fleisch pressen. Mit ⅛ l Wasser ablöschen, mit Oregano, Pfeffer, Sojasauce und Salz würzen. Die vorgekochten Bohnen dazugeben, alles aufkochen und dann zugedeckt bei milder Hitze etwa 1 ½ Stunden schmoren.

Die Sojabohnen werden separat vorgekocht und zum angebratenen Fleisch gegeben

4. Den Lauch putzen, aufschlitzen und gründlich waschen, in Ringe schneiden. Die Tomaten überbrühen, häuten und entkernen. Das Fruchtfleisch würfeln.

5. Das Gemüse in den Topf geben, alles verrühren und weitere 15 Minuten schmoren. Eventuell noch einmal würzig abschmecken.

Tip!
Von den aromatischen, kaliumreichen Sojabohnen gleich eine größere Portion einweichen und separat garen. Sie halten sich 2–3 Tage im Kühlschrank, lassen sich zudem gut einfrieren. Servieren Sie sie als Beilage oder kochen Sie einen würzigen Eintopf daraus.

Pilz-Schnitzel

Saftige Schweineschnitzel werden zuerst angebraten und dann von einer Eischnee-Pilz-Haube luftig gekrönt. Für reichlich Kalium sorgen die aromatischen Pilze.

Zutaten für 4 Personen:
25 g getrocknete Steinpilze
500 g Champignons
1 Bund Frühlingszwiebeln
Salz
3 Eßl. Öl
1 Teel. Wacholderbeeren
schwarzer Pfeffer, frisch gemahlen
2 Eßl. trockener Sherry nach Belieben
250 g grüne Bandnudeln
2 Eiweiß
1 Eßl. gemahlene Mandeln
4 Schweineschnitzel (je etwa 150 g)

Für Gäste

Zubereitungszeit: etwa 1 Std.

Pro Portion etwa:
2500 kJ/600 kcal
48 g EW · 23 g F · 47 g KH
• 1508 mg Kalium

1. Die getrockneten Steinpilze etwa 20 Minuten in etwas heißem Wasser einweichen.

2. Die Champignons putzen und abreiben, eventuell kurz waschen. 100 g davon sehr fein hacken, die restlichen Pilze halbieren oder vierteln.

3. Die Frühlingszwiebeln putzen und waschen. Die weißen Teile sehr klein würfeln, das Grün in feine Ringe schneiden. In einem großen Topf reichlich Salzwasser für die Nudeln aufsetzen.

4. Die Steinpilze ausdrücken, den Sud auffangen, die Pilze eventuell kleinschneiden. 1 Eßlöffel Öl in einer Pfanne erhitzen, die weißen Zwiebelteile darin unter Rühren anbraten. Die gehackten Champignons und die Steinpilze einrühren und mit anbraten.

5. Die Wacholderbeeren im Mörser zerdrücken, mit Pfeffer, etwas Salz, Sherry und dem Steinpilzsud in die Pfanne rühren. Die Pilzmischung garen, bis die Feuchtigkeit verdampft ist. Aus der Pfanne nehmen und etwas abkühlen lassen. Die Pfanne kurz ausspülen, abtrocknen und für die Schnitzel bereit stellen.

6. Inzwischen die Bandnudeln im sprudelnd kochenden Salzwasser bißfest garen.

7. Die 2 Eiweiß steif schlagen, die Mandeln unterheben, dann die vorbereitete Pilzmischung unterheben.

8. 1 ½ Eßlöffel Öl in der Pfanne erhitzen, die Schnitzel darin von beiden Seiten etwa 1 Minute scharf anbraten, pfeffern und salzen, dann die Hitze reduzieren. Die Schnitzel erneut wenden, den Eischnee darauf verteilen. Den Deckel auflegen, die Schnitzel noch etwa 5 Minuten garen.

9. Inzwischen das restliche Öl in einer zweiten Pfanne erhitzen, die übrigen Champignons und das Zwiebelgrün darin kurz braten und würzen.

10. Die Nudeln abtropfen lassen, mit dem Pilzgemüse mischen und zu den überbackenen Schnitzeln servieren.

Variante:
Gut schmecken die Schweineschnitzel auch, wenn sie mit einer Senf-Kräuter-Haube überbacken werden. Dafür ebenfalls 2 Eiweiß steif schlagen, 4 Eßlöffel Semmelbrösel, 1–2 Teelöffel Senf und reichlich feingehackte Kräuter untermischen, mit Pfeffer und etwas Salz würzen. Auch dazu schmecken Nudeln als Beilage, als Gemüse paßt kaliumreicher Broccoli besonders gut.

Im Bild: Pilz-Schnitzel

Süß-saurer Seelachs

Zutaten für 4 Personen:
1 kleines Stück frischer Ingwer
4 Eßl. Sojasauce
3 Eßl. Apfelessig
1 Teel. flüssiger Honig
weißer Pfeffer, frisch gemahlen
Cayennepfeffer
600 g Seelachs-Filet
1 Bund Frühlingszwiebeln
2 Scheiben frische Ananas
250 g Bambussprossen aus der Dose
100 g frische Mungobohnenkeimlinge
75 g Glasnudeln
2 Eßl. Öl
50 g Cashewkerne (etwa 3 Eßl.)

Gelingt leicht

Zubereitungszeit: etwa 1 Std.

Pro Portion etwa:
1500 kJ/360 kcal
37 g EW · 12 g F · 27 g KH
• 1358 mg Kalium

1. Den Ingwer schälen und fein hacken, mit der Sojasauce, dem Essig und dem Honig verquirlen, mit weißem Pfeffer und Cayennepfeffer würzen. Das Seelachs-Filet kalt abwaschen, mit Küchenpapier abtrocknen. In mundgerechte Würfel schneiden und in der Marinade wenden. Für etwa 30 Minuten zugedeckt in den Kühlschrank stellen.

2. Die Frühlingszwiebeln putzen und waschen, in etwa 5 cm lange Stücke, diese längs in feine Streifen schneiden. Die Ananasscheiben schälen, das Fruchtfleisch klein würfeln. Die Bambussprossen abtropfen lassen, in Streifen schneiden. Die Bohnenkeimlinge abbrausen. Die Glasnudeln mit heißem Wasser übergießen und darin quellen lassen.

3. Das Öl in einer Pfanne erhitzen, die Cashewkerne goldbraun anrösten und wieder aus der Pfanne nehmen.

4. Die Frühlingszwiebeln in der Pfanne bei milder Hitze etwa 2 Minuten unter Rühren anschwitzen. Die Bambussprossen, die Bohnenkeimlinge und die Ananasstücke einrühren, dann das vorbereitete Seelachs-Filet samt der Marinade vorsichtig einrühren.

5. Alles zugedeckt bei milder Hitze etwa 5 Minuten dünsten. Die Glasnudeln abtropfen lassen. In die Pfanne geben, vorsichtig untermischen und alles noch kurz erhitzen. Die Cashewkerne aufstreuen.

Die Frühlingszwiebeln erst in 5 cm lange Stücke, dann in feine Streifen schneiden

Chicorée-Kabeljau-Gratin

Zutaten für 2 Personen:
Fett für die Form
4 kleine Chicorée-Stauden (etwa 400 g)
1 Eßl. Butter oder Margarine
schwarzer Pfeffer, frisch gemahlen
Salz
400 g Kabeljau-Filet
2 Eßl. Zitronensaft
Muskatnuß, frisch gerieben
200 g Doppelrahm-Frischkäse
2 Eßl. gemischte, feingehackte Kräuter
4–5 Eßl. Milch

Raffiniert

Zubereitungszeit: etwa 45 Min.

Pro Portion etwa:
2500 kJ/600 kcal
50 g EW · 40 g F · 5 g KH
• 1344 mg Kalium

1. Den Backofen auf 225° vorheizen. Eine feuerfeste Form einfetten.

2. Die Chicorée-Stauden waschen, unten jeweils eine etwa ½ cm dicke Scheibe abschneiden, die äußeren Blätter entfernen.

3. Die Butter oder die Margarine in einer Pfanne zerlassen, die Stauden darin einige Minuten goldgelb anschwitzen. Mit Pfeffer und etwas Salz würzen, nebeneinander in die vorbereitete Form legen.

4. Das Kabeljau-Filet waschen und abtrocknen, das Fleisch von den Gräten befreien und mundgerecht schnetzeln. Den Zitronensaft mit Muskat, Pfeffer und etwas Salz verquirlen, die Fischstreifen darin wenden. Über den Chicorée-Stauden verteilen.

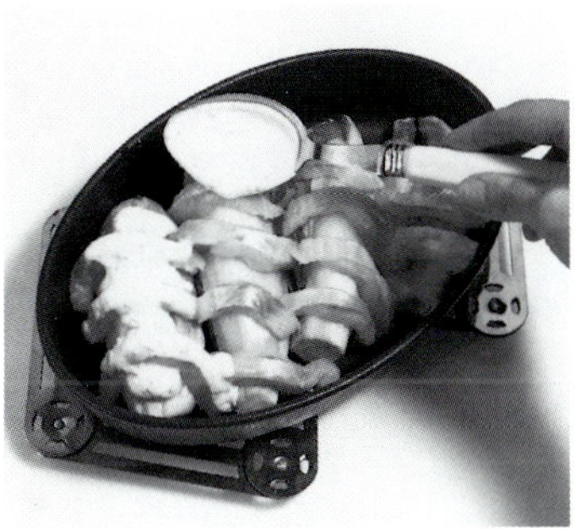

Die gewürzte Frischkäse-Creme wird über die Kabeljau-Filets geträufelt

5. Den Frischkäse mit den Kräutern und der Milch glattrühren, mit Pfeffer würzen und die Creme über den Fisch träufeln. Im Backofen (Mitte) etwa 15 Minuten überbacken (Gas Stufe 4).

Tip!

Im Strunk der Chicorée-Stangen saßen früher verstärkt Bitterstoffe. Aus dem heute angebotenen Chicorée wurden sie jedoch weitgehend herausgezüchtet, Sie brauchen den Strunk nicht mehr zu entfernen.

Heilbutt-Koteletts auf Spinat

Heilbutt ist der Meeresfisch, der am meisten Kalium enthält: 445 mg je 100 g Fischfleisch.

Zutaten für 2 Personen:
2 Heilbutt-Koteletts (je etwa 170 g)
1 Zitrone
schwarzer Pfeffer, frisch gemahlen
Paprikapulver, edelsüß
Salz
500 g frischer Blatt- oder Wurzelspinat
2 Knoblauchzehen
2 kleine Zwiebeln
3 Eßl. Olivenöl

Kalorienarm

Zubereitungszeit: etwa 45 Min.

Pro Portion etwa:
1400 kJ/330 kcal
41 g EW · 16 g F · 6 g KH
• 1676 mg Kalium

1. Den Heilbutt kurz abspülen, gründlich mit Küchenpapier abtrocknen. ½ Zitrone auspressen. Den Fisch mit dem Saft beträufeln, von beiden Seiten mit Pfeffer, Paprikapulver und etwas Salz würzen.

2. Den Spinat gründlich waschen und verlesen. Bei jungem Blattspinat nur die harten Stiele abzwicken, bei grobem Wurzelspinat die Wurzelansätze und die harten Stiele abschneiden, die Blätter grob hacken.

3. Den Knoblauch schälen und in dünne Scheiben schneiden, die Zwiebeln schälen und fein hacken. Das Öl in einem breiten Topf erhitzen. Zwiebeln und Knoblauch darin bei mittlerer Hitze glasig werden lassen.

4. Den Spinat tropfnaß in den Topf geben, Blattspinat nur ganz kurz, Wurzelspinat etwa 2 Minuten zusammenfallen lassen. Gut verrühren und kräftig würzen. Die Heilbutt-Koteletts nebeneinander darauf legen und zugedeckt etwa 10 Minuten dünsten. Zwischendurch einmal wenden.

5. Mit der restlichen Zitrone garniert anrichten.

Zarte Fisch-Koteletts garen auf einem Spinatbett besonders schonend

Kartoffel-Rosenkohl-Gratin

Zutaten für 4 Personen:
500 g kleine, runde Kartoffeln
1 Teel. Kümmel
Salz
750 g kleine Rosenkohl-Röschen
50 g Butter
1 Knoblauchzehe
Fett für die Form
250 g geräucherte Putenbrust
oder gekochter Schinken
50 g Walnußkerne
50 g geriebener Emmentaler

Für Gäste

Zubereitungszeit: etwa 1 Std.

Pro Portion etwa:
1800 kJ/430 kcal
31 g EW · 23 g F · 27 g KH
• 1483 mg Kalium

1. Die Kartoffeln waschen, abbürsten und in einen Topf geben. Mit wenig Wasser bedecken und mit dem Kümmel und Salz in etwa 25 Minuten knapp gar kochen.

2. Den Rosenkohl putzen, waschen und die Strünke kreuzweise einschneiden. 1 Teelöffel Butter in einem Topf zerlassen, den Knoblauch schälen und dazupressen, den Rosenkohl darin rundherum anschwitzen. Etwas Wasser angießen, leicht salzen, den Rosenkohl gut zugedeckt etwa 15 Minuten dünsten.

3. Den Backofen auf 225° vorheizen. Eine breite Gratinform fetten.

4. Die Kartoffeln abgießen und pellen, den Rosenkohl abtropfen lassen, beides in die Gratinform geben.

5. Die Putenbrust würfeln. Die Walnußkerne fein hacken, mit dem Käse und der übrigen Butter zu Streuseln verkneten, beides in die Form streuen. Im Backofen (Mitte) in etwa 15 Minuten goldbraun überbacken (Gas Stufe 4).

Zitronen-Fenchel mit Kalbsfilet

Zutaten für 2 Personen:
1 unbehandelte Zitrone
250 g Kalbsfilet
schwarzer Pfeffer, frisch gemahlen
2 Fenchelknollen (je etwa 300 g)
2 Eßl. Olivenöl
Salz
20 g Pinienkerne

Etwas teurer
Kalorienarm

Zubereitungszeit: etwa 45 Min.

Pro Portion etwa:
1500 kJ/360 kcal
33 g EW · 17 g F · 18 g KH
• 1741 mg Kalium

1. Die Zitrone heiß abwaschen, abtrocknen und die Schale dünn abreiben, den Saft auspressen.

2. Das Kalbsfilet in etwa 1 cm dicke Scheiben schneiden, mit 2 Eßlöffeln Zitronensaft und ½ Teelöffel Zitronenschale einreiben und pfeffern.

3. Den Fenchel putzen und waschen, in etwa 1 cm dicke Scheiben schneiden. Das Grün beiseite legen. 1 Eßlöffel Öl in einer breiten Pfanne oder einem breiten Topf erhitzen, die Fenchelscheiben darin von beiden Seiten kurz anbraten. Die Hitze reduzieren, etwas Wasser, den restlichen Zitronensaft und die Zitronenschale darübergeben, pfeffern und leicht salzen, zugedeckt bei mittlerer Hitze 5–10 Minuten dünsten.

4. Inzwischen die Pinienkerne in einer trockenen Pfanne unter Rühren goldbraun rösten und wieder herausnehmen.

5. Das restliche Öl in der Pfanne erhitzen, die Kalbfleischscheiben darin bei mittlerer Hitze von jeder Seite 2–3 Minuten braten, leicht salzen.

6. Den Fenchel mit den Pinienkernen und dem gehackten Grün bestreuen, zum Fleisch servieren.

Im Bild hinten:
Kartoffel-Rosenkohl-Gratin
Im Bild vorne:
Zitronen-Fenchel mit Kalbsfilet

Spaghetti mit Kräutersauce

Aus Ligurien, dem duftenden Kräutergarten Italiens, stammt »pesto alla genovese«, eine würzige Basilikum-Käse-Sauce, die zu frischen Bandnudeln serviert wird. Für diese preiswertere und kaliumreichere Variante wird ein Teil des Basilikums durch Petersilie ersetzt.

Zutaten für 4 Personen:
500 g Kartoffeln
1 Bund Basilikum
3 Bund glatte Petersilie
3 Knoblauchzehen
50 g Pinienkerne
Salz
100 ml kaltgepreßtes Olivenöl
etwa 75 g geriebener Pecorino oder Parmesan
schwarzer Pfeffer, frisch gemahlen
400 g Spaghetti

Spezialität aus Italien

Zubereitungszeit: etwa 30 Min.

Pro Portion etwa:
3500 kJ/830 kcal
25 g EW · 40 g F · 91 g KH
• 1068 mg Kalium

1. Die Kartoffeln waschen und abbürsten, in wenig Wasser gar dünsten.

2. Die Basilikum- und die Petersilienblättchen von den Stengeln zupfen, einige Basilikumblättchen für später beiseite legen. Die Knoblauchzehen schälen. Die Pinienkerne in einer trockenen Pfanne unter Rühren leicht rösten. Reichlich Salzwasser für die Spaghetti aufsetzen.

3. Die Kräuter, den Knoblauch, die Pinienkerne, 1 Teelöffel Salz mit der Hälfte des Olivenöls im Mörser fein zerstoßen oder im Mixer zerhacken. Nach und nach 50 g Käse untermischen, dann das übrige Öl. Mit etwas Salz und Pfeffer abschmecken.

4. Die Spaghetti im kochenden Salzwasser bißfest garen.

5. Die Kartoffeln abgießen, abdampfen lassen und pellen, in lange, feine Stifte schneiden.

6. Die Spaghetti abtropfen lassen, mit den Kartoffeln und dem Pesto vermischt sofort servieren. Die Basilikumblättchen und den restlichen Käse aufstreuen.

Die Zutaten für die Kräutersauce lassen sich im Mörser schön gleichmäßig und sanft zermahlen

Broccoli-Rindfleisch-Pfanne

Zutaten für 4 Personen:
500 g Rinderfilet
3 Eßl. Sojasauce
1 Teel. flüssiger Honig
schwarzer Pfeffer, frisch gemahlen
gemahlener Koriander
1 kleine Knoblauchzehe
500 g kleine, neue Kartoffeln
Salz
600 g Broccoli
250 g kleine, feste Champignons
250 g feste Tomaten
3 Eßl. Öl
1/8 l trockener Weißwein oder Brühe
2 Eßl. gehackte Petersilie

Rezept zum Titelbild

Zubereitungszeit: etwa 45 Min.

Pro Portion etwa:
1500 kJ/360 kcal
33 g EW · 12 g F · 25 g KH
• 1933 mg Kalium

1. Das Rinderfilet in etwa ½ cm dicke Scheiben, diese in grobe Stücke schneiden. Die Sojasauce mit dem Honig, Pfeffer und Koriander verquirlen, den Knoblauch schälen und dazu pressen. Das Fleisch darin wenden und zugedeckt im Kühlschrank marinieren.

2. Die Kartoffeln gründlich waschen und abbürsten. In wenig leicht gesalzenem Wasser garen.

3. Inzwischen den Broccoli putzen und waschen, Stiele und Röschen trennen. Die Stiele schälen und kleinschneiden, in ganz wenig Salzwasser etwa 4 Minuten dünsten. Die zerteilten Broccoliröschen dazugeben und noch etwa 4 Minuten mitdünsten. In ein Sieb abgießen.

4. Die Champignons abreiben, kleine Exemplare ganz lassen, größere zerteilen. Die Tomaten waschen und achteln.

5. Das Öl in einer schweren Pfanne erhitzen, die Fleischstücke darin portionsweise von jeder Seite etwa 1 Minute braten, wieder herausnehmen. Die Pilze unter Rühren anbraten, mit Salz und Pfeffer würzen, dann den Broccoli einrühren. Zum Schluß das gesamte Fleisch, die Tomaten und den Wein oder die Brühe in die Pfanne geben, alles noch kurz verrühren.

6. Die Kartoffeln abgießen und abdampfen lassen, eventuell pellen und mit dem Geschnetzelten anrichten. Mit der Petersilie bestreuen.

Kalbsleber mit Äpfeln und Backpflaumen

Leber Berliner Art, mit Zwiebeln und Äpfeln, ist ein deutscher Klassiker. Hier werden zusätzlich Backpflaumen zur zarten Kalbsleber serviert. Als Beilage schmeckt Kartoffelpüree besonders gut.

Zutaten für 2 Personen:
75 g Backpflaumen
2 Zwiebeln
2 Eßl. Butterschmalz
schwarzer Pfeffer, frisch gemahlen
1 Teel. frische Thymianblättchen (oder ¼ Teel. getrockneter Thymian)
2 Eßl. Madeira oder Wasser
Salz
2 Scheiben Kalbsleber (je etwa 150 g)
1 Eßl. Weizen-Vollkornmehl
2 kleine rotschalige Äpfel

Gelingt leicht

Zubereitungszeit: etwa 45 Min.

Pro Portion etwa:
2000 kJ/480 kcal
32 g EW · 15 g F · 51 g KH
• 1140 mg Kalium

1. Die Backpflaumen heiß abwaschen, halbieren und entsteinen. Die Zwiebeln schälen, in Ringe schneiden.

2. 1 Eßlöffel Butterschmalz in einer Pfanne zerlassen, die Zwiebeln bei mittlerer Hitze glasig dünsten. Die Pflaumen einrühren, mit Pfeffer, Thymian, dem Madeira und etwas Salz würzen und zugedeckt bei milder Hitze etwa 10 Minuten schmoren.

3. Die Leberscheiben kalt abwaschen, abtrocknen und in Mehl wenden. Das übrige Butterschmalz in einer Pfanne erhitzen, die Leberscheiben darin bei mittlerer Hitze von jeder Seite 3–5 Minuten braten. Erst anschließend pfeffern und salzen.

Leberscheiben werden vor dem Braten sorgfältig in Mehl gewendet, damit sie schön saftig geraten

4. Die Äpfel abreiben, vierteln und die Kerngehäuse entfernen. Die Viertel in Spalten schneiden und zu den Pflaumen geben, noch kurz mitgaren. Abschmecken und zur Leber servieren.

Mangold-Kartoffel-Röllchen

Füllung und Hülle sorgen bei diesen zarten Röllchen gleichermaßen für einen hohen Kaliumgehalt, sowohl in Kartoffeln als auch in den sattgrünen Mangoldblätter steckt eine ganze Menge vom wertvollen Mineralstoff. Zwar müssen die Mangoldblätter kurz blanchiert werden, ein Teil des Kaliums geht dadurch ins Kochwasser verloren, die Blätter lassen sich sonst jedoch nicht füllen und aufrollen.

Zutaten für 4 Personen:
600 g Kartoffeln
Salz
1 große Mangoldstaude
(etwa 750 g)
schwarzer Pfeffer, frisch gemahlen
100 g Schillerlocken
100 g Emmentaler
Muskatnuß, frisch gerieben
1 rote Paprikaschote
2 Eßl. Öl

Raffiniert • Kalorienarm

Zubereitungszeit: etwa 1 Std.

Pro Portion etwa:
1400 kJ/330 kcal
19 g EW · 18 g F · 26 g KH
• 1400 mg Kalium

1. Die Kartoffeln gründlich waschen und abbürsten, in leicht gesalzenem Wasser gar kochen.

2. Inzwischen den Mangold putzen und waschen. Die Stiele abschneiden und beiseite legen, die Blätter etwa 1 Minute in reichlich kochendem Wasser blanchieren. Abtropfen lassen, auf Küchenpapier ausbreiten und mit Pfeffer und Salz bestreuen.

3. Die Schillerlocken in feine Scheiben schneiden, den Käse klein würfeln.

4. Die Kartoffeln abgießen, abdampfen lassen und pellen. Grob zerdrücken, mit den Schillerlocken und dem Käse mischen. Kräftig pfeffern und mit etwas Muskat würzen.

5. Je 2 Mangoldblätter aufeinander legen, etwas Kartoffelfüllung darin einwickeln. Etwa 8 Röllchen herstellen.

6. Die Mangoldstiele klein würfeln. Die Paprikaschote halbieren, die kleinen Kerne herauswaschen, die weißen Trennwände und die Stielansätze herausschneiden. Die Hälften ebenfalls klein würfeln.

7. Das Öl in einem breiten Topf erhitzen, die gewürfelte Paprika und die Mangoldstiele darin bei mittlerer Hitze anschwitzen. Etwa 6 Eßlöffel Wasser angießen. Das Gemüse würzen, die Röllchen darauf legen und gut zugedeckt etwa 10 Minuten dünsten.

Tip!

Um aus diesem leichten Essen ein Menü zu machen, können Sie gut eine üppige Vorspeise und ein Dessert servieren. Die Röllchen eignen sich jedoch auch selbst als Vorspeise, dann reichen sie für 8 Personen.

Im Bild: Mangold-Kartoffel-Röllchen

Weizen-Pizza

Zutaten für 2 Personen:
- *150 g Weizenkörner*
- *2 kleine Eier*
- *1–2 Teel. getrockneter Thymian*
- *schwarzer Pfeffer, frisch gemahlen*
- *Salz*
- *3 Eßl. Olivenöl*
- *200 g passierte Tomaten (1 kleine Packung)*
- *1 Bund Petersilie*
- *1 Dose Thunfisch in Öl (200 g)*
- *150 g Mozzarella*

Preiswert

Zubereitungszeit: etwa 30 Min. (+ 12–24 Std. Quellzeit)

Pro Portion etwa:
3800 kJ/900 kcal
57 g EW · 54 g F · 48 g KH
• 1347 mg Kalium

1. Die Weizenkörner über Nacht in knapp ½ l kaltem Wasser einweichen.

2. Am nächsten Tag die Weizenkörner im Einweichwasser zum Kochen bringen, gut zugedeckt etwa 40 Minuten garen, dann ohne Hitze noch etwa 15 Minuten ausquellen lassen.

3. Die Eier mit 1 Teelöffel Thymian, Pfeffer und etwas Salz verquirlen. Die Weizenkörner sehr gründlich abtropfen lassen und untermischen.

4. 2 Eßlöffel Olivenöl in einer beschichteten Pfanne erhitzen. Die Weizen-Mischung hineingeben, bei milder Hitze etwa 10 Minuten braten und dabei zu einem großen Fladen formen. Zwischendurch die Pfanne rütteln, damit nichts ansetzt.

5. Inzwischen die passierten Tomaten mit Pfeffer und etwas Thymian würzen. Die Petersilie hacken und unterrühren. Den Thunfisch gründlich abtropfen lassen. Den Mozzarella in dünne Scheiben schneiden.

6. Die Weizenpizza vorsichtig wenden, dabei noch 1 Eßlöffel Öl in der Pfanne erhitzen.

Die »Pizza« mit einem Löffel in Form bringen, damit sie später schön gleichmäßig auf den Teller kommt

7. Die Pizza erneut zu einem Fladen formen. Mit der Tomatenmischung bestreichen, den Thunfisch darauf verteilen, mit dem Käse bedecken. Die Pfanne zudecken, die Pizza noch etwa 10 Minuten bei schwacher Hitze braten.

Bunte Bohnen-Salami-Pfanne

Zutaten für 4 Personen:
- *je 100 g getrocknete weiße, rote und schwarze Bohnen*
- *1 Bund Bohnenkraut*
- *150 g Salami am Stück*
- *1 gelbe Paprikaschote*
- *1 Bund Frühlingszwiebeln*
- *2 Eßl. Öl*
- *1 Knoblauchzehe*
- *schwarzer Pfeffer, frisch gemahlen*
- *Salz*
- *Sojasauce*
- *Tabasco*

Gelingt leicht

Zubereitungszeit: etwa 2 Std. (+ 12–24 Std. Einweichzeit)

Pro Portion etwa:
2000 kJ/480 kcal
25 g EW · 24 g F · 39 g KH
• 1350 mg Kalium

1. Die Bohnen nach Sorten getrennt über Nacht in je ½ l kaltem Wasser einweichen.

2. Am nächsten Tag die Bohnen getrennt im Einweichwasser aufkochen. Zugedeckt bei schwacher Hitze 45–75 Minuten (je nach Sorte und Alter der Bohnen) köcheln lassen, etwas Bohnenkraut mit ins Kochwasser geben.

3. Wenn die Bohnen fast gar sind, die Salami klein würfeln. Die Parikaschote halbieren, die Kerne herauswaschen, die hellen Trennhäute entfernen. Das Fruchtfleisch klein würfeln.

4. Die Frühlingszwiebeln putzen und waschen. Grüne und weiße Teile trennen, die weißen Teile klein würfeln, das Grün in feine, schräge Ringe schneiden.

5. Das Öl in einer Pfanne erhitzen, die weißen Zwiebelteile bei mittlerer Hitze anschwitzen. Den Knoblauch schälen und dazupressen. Die Salami- und die Paprikawürfel einrühren und bei etwas stärkerer Hitze unter Rühren anbraten.

6. Die Bohnen eventuell abtropfen lassen. In die Pfanne geben, alles gut vermischen. Mit Pfeffer, Salz, Sojasauce und einigen Tropfen Tabasco würzig abschmecken.

Gefüllte Kohlrabi

In Kohlrabiknollen stecken wenig Kalorien, aber eine Menge Mineralstoffe (372 mg Kalium). Besonders geballt verbergen sie sich in den zarten Blättchen – Sie sollten diese also stets mitverwenden.

Zutaten für 2 Personen:
4 Kohlrabiknollen (je etwa 250 g)
Salz
1 Gemüsezwiebel
1 Eßl. Öl
100 g Roggenschrot
300 ml Gemüsebrühe
100 g geriebener Emmentaler
100 g Sahne
1 Eigelb
schwarzer Pfeffer, frisch gemahlen
1 Bund glatte Petersilie

Vegetarisch

Zubereitungszeit: etwa 1 1/2 Std.

Pro Portion etwa:
2900 kJ/690 kcal
32 g EW · 40 g F · 50 g KH
• 2094 mg Kalium

1. Die Kohlrabiknollen waschen, das zarte Blattgrün abschneiden und beiseite legen. Die Knollen in 1/8 l leicht gesalzenem Wasser in einem breiten Topf etwa 35 Minuten dünsten.

2. Inzwischen die Zwiebel schälen und klein würfeln. Das Öl in einem Topf erhitzen, die Zwiebel darin glasig dünsten. Den Roggenschrot einrühren, mit der Brühe ablöschen. Zugedeckt bei ganz schwacher Hitze etwa 30 Minuten köcheln lassen.

3. Die Kohlrabi aus dem Wasser heben, den Sud aufbewahren. Die Knollen etwas abkühlen lassen, dann dünn schälen oder die Schale abziehen, oben jeweils einen flachen Deckel abschneiden. Die Knollen mit einem Teelöffel aushöhlen, das ausgelöste Fruchtfleisch und die Deckel klein würfeln.

4. Den Backofen auf 225° vorheizen. Das gewürfelte Kohlrabifleisch und den geriebenen Käse unter den Roggenschrot rühren. Die Sahne und das Eigelb verquirlen und ebenfalls unterziehen. Mit Pfeffer und etwas Salz kräftig würzen. Die Petersilie und das Kohlrabigrün hacken und untermischen.

5. Die Kohlrabi in eine breite Auflaufform setzen und mit der Schrotmischung füllen. Das Kohlrabiwasser angießen, die Form mit einem Deckel oder mit Alufolie zudecken. Im Backofen (Mitte) etwa 30 Minuten dünsten (Gas Stufe 4).

Die Kohlrabi zuerst kochen und dann schälen, so bleibt das Kalium in den Knollen

Um die Knollen füllen zu können, wird das innere Fruchtfleisch mit einem Löffel herausgelöst

Holunder-Orangen-Gelee

Die kleinen, schwarzblauen Holunderbeeren und der Saft daraus enthalten reichlich Kalium. Natürlich können Sie selbst eingekochten Saft verwenden, es gibt ihn aber auch fertig zu kaufen.

Zutaten für 4 Personen:
3 Orangen, davon 1 unbehandelt
2 Eßl. Apfel- oder Birnendicksaft
1 kleine Flasche ungesüßter
Holunderbeerensaft, 330 ml
(Muttersaft; gibt es im Reformhaus)
6 Blatt weiße Gelatine
100 g Sahne
1 Päckchen Vanillinzucker

Kalorienarm

Zubereitungszeit: etwa 30 Min.
(+ etwa 4 Std. Gelierzeit)

Pro Portion etwa:
820 kJ/200 kcal
8 g EW · 8 g F · 23 g KH
• 415 mg Kalium

1. Die unbehandelte Orange heiß abwaschen, abtrocknen und etwas Schale mit einem Juliennereißer abziehen oder dünn abschälen und in feine Streifen schneiden. Die übrige Schale fein abreiben. Die Orange sorgfältig filetieren, den abtropfenden Saft dabei auffangen. Die Orangenfilets und die feinen Streifen der Schale abgedeckt im Kühlschrank aufbewahren und später zum Garnieren verwenden.

2. Die beiden anderen Orangen auspressen, den Saft mit dem abgetropften Orangensaft, dem Obstdicksaft und dem Holunderbeerensaft verquirlen, davon ½ l abmessen.

3. Die Gelatine etwa 5 Minuten in kaltem Wasser einweichen, tropfnaß in einen kleinen Topf geben und bei schwacher Hitze auflösen. Unter den Fruchtsaft rühren, in vier Glasschälchen verteilen und im Kühlschrank gelieren lassen.

4. Zum Servieren die Sahne steif schlagen, mit dem Vanillinzucker süßen. Das Holunderbeergelee mit der Sahne, den Orangenfilets und den Orangenschalen-Julienne garnieren.

Melonen-Kaltschale

Zutaten für 4 Personen:
1 Zuckermelone (zum Beispiel
Honig-, Netz- oder Ogenmelone)
1 Stück Wassermelone
(etwa 250 g)
je ¼ l Orangensaft und trockener
Weißwein (oder insgesamt ½ l
Orangensaft)
1 Eßl. Apfel- oder Birnendicksaft
2 Blatt weiße Gelatine
einige Zweige frische Zitronen-
melisse

Gelingt leicht
Kalorienarm

Zubereitungszeit: etwa 30 Min.
(+ 2–3 Std. Kühlzeit)

Pro Portion etwa:
580 kJ/140 kcal
2 g EW · 1 g F · 32 g KH
• 568 mg Kalium

1. Die Zuckermelone halbieren, die Fasern und die Kerne in der Mitte herauslösen. Einen Teil des Fruchtfleisches mit einem Kugelausstecher auslösen, das übrige Fruchtfleisch aus der Schale lösen und pürieren.

2. Die Kerne aus dem Fruchtfleisch der Wassermelone vorsichtig entfernen, das Fruchtfleisch ebenfalls mit einem Kugelausstecher herauslösen.

3. Den Orangensaft und den Wein mit dem Obstdicksaft verquirlen. Die Gelatineblätter etwa 5 Minuten in kaltem Wasser einweichen. Tropfnaß in ein Töpfchen geben und bei milder Hitze auflösen. Unter die Saftmischung rühren. Das Melonenpüree und alle Melonenkugeln einrühren. Einige Melisseblättchen in feine Streifen schneiden und untermischen.

4. Die Kaltschale gut durchkühlen lassen, mit Melisseblättchen garniert servieren.

Bild oben: Holunder-Orangen-Gelee
Bild unten: Melonen-Kaltschale

Mokka-Soufflé

Zutaten für 4 Personen:
100 g Mokka-Schokolade
2 Eßl. löslicher Kaffee
4 Eigelb und 3 Eiweiß
1 Päckchen Vanillinzucker
Fett für die Förmchen
50 g weiße Schokolade
100 g Sahne
4 Kiwis
1–2 Eßl. weißer Rum
oder Kiwi-Likör nach Belieben
Kakaopulver

Für Gäste

Zubereitungszeit: etwa 45 Min.

Pro Portion etwa:
1900 kJ/450 kcal
11 g EW · 28 g F · 36 g KH
• 558 mg Kalium

1. Den Backofen auf 175° vorheizen.

2. Die Mokkaschokolade grob hacken und im warmen Wasserbad unter ständigem Rühren schmelzen lassen. Den Kaffee darin auflösen.

3. Die 4 Eigelb mit 1 Eßlöffel warmem Wasser und dem Vanillinzucker cremig schlagen, die geschmolzene Mokka-Schokolade einrühren. Die 3 Eiweiß zu steifem Schnee schlagen und vorsichtig unterheben.

4. Vier Souffléförmchen gut einfetten, den Teig hineinfüllen und im Backofen (Mitte) etwa 20 Minuten backen (Gas Stufe 2).

Löslicher Kaffee vermischt sich schnell mit der geschmolzenen, noch warmen Schokolade

5. Kurz vor dem Servieren die weiße Schokolade hacken und mit der Sahne in einen kleinen Topf geben. Bei schwacher Hitze unter Rühren auflösen.

6. Die Kiwis schälen und in Scheiben oder Spalten schneiden, eventuell mit dem Rum oder dem Kiwi-Likör beträufeln.

7. Die Soufflés vorsichtig aus den Förmchen lösen, mit der Schokoladensauce und den Kiwis auf Tellern anrichten, mit Kakaopulver bestäuben.

Rosinen-Kompott mit Quarknocken

Zutaten für 4 Personen:
150 g Rosinen
2 Anissterne oder ¼ Teel.
gemahlener Anis
¼ l leichter Rotwein
oder Orangensaft
1 Teel. Speisestärke
⅛ l Milch
2 Eßl. Apfel- oder Birnendicksaft
60 g Vollkorngrieß
125 g Speisequark (20%)
1 Eigelb

Preiswert

Zubereitungszeit: etwa 1 Std.

Pro Portion etwa:
1100 kJ/260 kcal
9 g EW · 5 g F · 50 g KH
• 574 mg Kalium

1. Die Rosinen heiß abwaschen, zusammen mit den Anissternen und dem Wein in einem Topf aufkochen. Die Speisestärke mit etwas Wasser anrühren, das Kompott damit binden. Im Kühlschrank durchziehen lassen.

2. Inzwischen die Milch in einem kleinen Topf aufkochen. Den Obstdicksaft einrühren, den Grieß einrieseln lassen und etwa 1 Minute unter Rühren ausquellen lassen. Vom Herd nehmen, sofort den Quark, dann das Eigelb unterrühren. Etwa 5 Minuten quellen lassen.

3. Wasser in einem breiten Topf aufkochen, die Hitze so reduzieren, daß das Wasser gerade eben siedet. Von der Quarkmasse mit zwei Eßlöffeln längliche Nocken abstechen und gleichmäßig formen, in das Wasser geben und etwa 5 Minuten ziehen lassen, bis sie oben schwimmen.

4. Die Nocken gut abtropfen lassen und mit dem gekühlten Kompott anrichten.

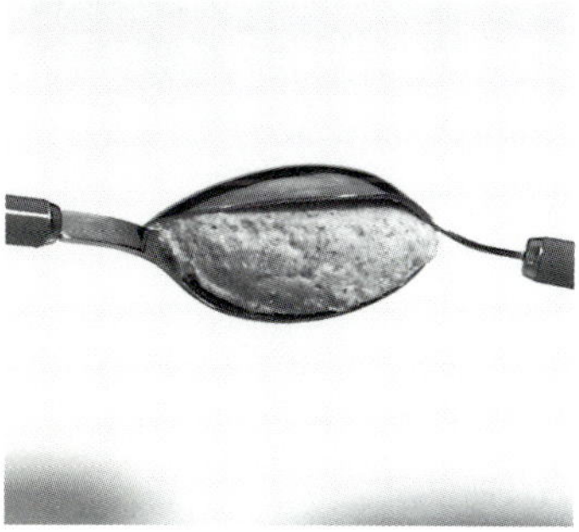

Mit Hilfe von 2 Eßlöffeln lassen sich aus der Quarkmasse ganz einfach gleichmäßige Nocken formen

Die Nocken sind gar, sobald sie im gerade eben siedenden Wasser an der Oberfläche schwimmen

Joghurt-Gelee mit Backobst

Getrocknete Früchte sind ausgezeichnete Kalium-Lieferanten. Ihr Nachteil: Sie enthalten auch eine ganze Menge Kalorien, so daß man keine allzu großen Mengen davon essen kann. Allerdings sättigen sie auf gesunde, natürliche Art.

Zutaten für 4 Personen:
250 g gemischtes Backobst (Äpfel, Birnen, Aprikosen, Pfirsiche, Pflaumen)
¼ l trockener Weißwein oder Fruchtsaft
5 Blatt weiße Gelatine
300 g Joghurt (3,5%)

Gut vorzubereiten

Zubereitungszeit: etwa 30 Min.
(+ etwa 4 Std. Gelierzeit)

Pro Portion etwa:
1000 kJ/240 kcal
10 g EW · 4 g F · 43 g KH
• 842 mg Kalium

1. Das Backobst heiß abwaschen, die Pflaumen entsteinen. Das Obst mundgerecht zerschneiden, zusammen mit dem Wein oder dem Fruchtsaft in einen breiten Topf geben und zugedeckt bei schwacher Hitze etwa 15 Minuten dünsten.

2. Die Gelatine etwa 5 Minuten in kaltem Wasser einweichen.

3. Die Früchte vom Herd nehmen, einige dekorative Stücke aus dem Topf nehmen und zum Garnieren beiseite legen. Die Gelatine ausdrücken und in dem heißen Fruchtkompott auflösen. Etwas abkühlen lassen.

4. Den Joghurt unterrühren, die Mischung zugedeckt im Kühlschrank gelieren lassen. Mit den beiseite gelegten Fruchtstücken garnieren.

Tip!

Backobst wird sehr oft mit Schwefel behandelt, damit die Früchte ihre appetitlich leuchtenden Farben behalten. Verzichten Sie besser auf ein wenig Optik – und greifen Sie möglichst zu ungeschwefelten, etwas dunkleren Trockenfrüchten.

Mandel-Biskuit mit Aprikosen

Zutaten für 8 Personen:
750 g frische Aprikosen
6 Eßl. Apfel- oder Birnendicksaft
4 Eßl. Mandellikör (oder etwas Fruchtsaft und einige Tropfen Bittermandelöl)
Fett für die Form
100 g gemahlene Mandeln
4 Eier, getrennt
50 g Weizen-Vollkornmehl
½ Teel. Backpulver
25 g Mandelblättchen

Raffiniert • Für Gäste

Zubereitungszeit: etwa 1 ½ Std.

Pro Portion etwa:
1000 kJ/240 kcal
9 g EW · 12 g F · 25 g KH
• 555 mg Kalium

1. Die Aprikosen waschen, vierteln und dabei entsteinen. Mit 2 Eßlöffeln Obstdicksaft und 3–4 Eßlöffeln Wasser in einen Topf geben. Zugedeckt bei starker Hitze aufkochen, in eine Schüssel umfüllen und mit dem Mandellikör beträufeln. Zugedeckt im Kühlschrank durchziehen lassen.

2. Den Backofen auf 200° vorheizen. Eine Springform (26 cm Ø) gründlich einfetten, mit 2 Eßlöffeln gemahlenen Mandeln ausstreuen.

3. Die 4 Eigelb mit dem restlichen Obstdicksaft und 1 Eßlöffel heißem Wasser dickcremig schlagen. Die 4 Eiweiß steif schlagen und darauf setzen. Das Mehl mit dem Backpulver und den übrigen gemahlenen Mandeln mischen, darüber streuen, alles vorsichtig mischen. In die vorbereitete Form umfüllen und im Backofen (Mitte) etwa 15 Minuten backen (Gas Stufe 3).

4. Den Biskuit noch lauwarm in kleine Tortenstücke schneiden, mit den Aprikosen anrichten. Die Mandelblättchen in einer trockenen Pfanne unter Rühren goldbraun rösten und darüber streuen.

Tip!
Für 4 Personen können Sie die Teigmenge problemlos halbieren und in einer kleinen Form backen. Oder die Hälfte des gebackenen Teiges einfrieren.

Johannisbeer-Honig-Sorbet

Zutaten für 4 Personen:
125 g rote Johannisbeeren
50 ml Johannisbeer-Likör (Cassis)
1 unbehandelte Zitrone
100 g Honig
¼ l trockener Weißwein
300 g schwarze Johannisbeeren
1 Päckchen Vanillinzucker

Raffiniert

Zubereitungszeit: 3–4 Std.

Pro Portion etwa:
830 kJ/200 kcal
1 g EW · 0 g F · 36 g KH
• 438 mg Kalium

1. Die roten Johannisbeeren waschen und von den Rispen streifen, mit dem Likör mischen und beiseite stellen.

2. Die Zitrone heiß abwaschen, die Schale abreiben und den Saft auspressen. Die Hälfte der Zitronenschale und des Saftes mit dem Honig, ¼ l Wasser und dem Wein in einem kleinen Topf unter Rühren erwärmen, bis sich alles gut vermischt hat.

3. Die roten Johannisbeeren samt Likör untermischen. Alles in eine breite Metallschüssel umfüllen und zugedeckt in das Tiefkühlgerät stellen.

4. Etwa 3 Stunden gefrieren lassen, zwischendurch mehrfach kräftig durchrühren, damit sich keine großen Eiskristalle bilden können.

5. Die schwarzen Johannisbeeren waschen, von den Rispen streifen. Mit dem Vanillinzucker, der übrigen Zitronenschale und dem -saft mischen, zugedeckt marinieren.

6. Das Sorbet zu Kugeln formen und mit den schwarzen Johannisbeeren anrichten.

Im Bild hinten:
Johannisbeer-Honig-Sorbet
Im Bild vorne:
Mandel-Biskuit mit Aprikosen

Wissenswertes über einen gesunden Tagesplan

Jeder kennt den Effekt: Wer ständig zu viel ißt und trinkt, bei dem zeigen sich bald ungeliebte Polster an Taille und Bauch, an Hüfte und Oberschenkeln. Um das zu vermeiden, empfiehlt die DGE (die Deutsche Gesellschaft für Ernährung), daß Frauen je nach Alter 1700 bis 2200, Männer hingegen 1900 bis 2600 kcal zu sich nehmen sollten. Allerdings kann das für den einen bereits zuviel, für den anderen aber zuwenig sein. Jeder muß für sich selbst herausfinden, mit welchen Energiemengen er sein Wohlbefinden und sein Gewicht halten kann. Und ganz klar: Wer sich viel bewegt, verbraucht mehr Energie und kann entsprechend mehr essen, ohne zuzunehmen.

Nicht allein die Gesamtmenge der Kalorien, auch die Zusammensetzung der Nahrung ist wichtig. Etwa 15% der Gesamtenergie eines Tages sollten aus Eiweiß, 25–30% aus Fett stammen, und zwar je zur Hälfte aus tierischen und pflanzlichen Produkten. Die übrige Energie wird auf gesunde Art aus Kohlenhydraten zur Verfügung gestellt, und zwar möglichst viel aus Vollwert-Produkten, die reichlich Ballaststoffe, Vitamine und Mineralstoffe enthalten.

Für den ganzen Tag

Auf den vorigen Seiten dieses Buches haben Sie viele Anregungen für besonders kaliumreiche Mahlzeiten bekommen – vom Frühstück bis zum süßen Menü-Abschluß. Nach Ihren ganz persönlichen Vorlieben können Sie sich daraus Ihre Tages-Speisepläne zusammenstellen und mit kleinen Zwischenmahlzeiten ergänzen. Hier drei Vorschläge:

1. Tagesplan

Frühstück:
Aprikosen-Hirse-Müsli (Seite 10)
1/4 l Orangensaft
Zwischendurch:
1 Becher Joghurt (3,5%)
Mittags:
Frühlings-Rohkost mit Putenfilet (Seite 22)
1 Scheibe Vollkornbrot
Zwischendurch:
50 g getrocknete Aprikosen
Abends:
Mangold-Kartoffel-Röllchen (Seite 50)
Johannisbeer-Honig-Sorbet (Seite 58)

2. Tagesplan

Frühstück:
Frischkorn-Beeren-Müsli (Seite 12)
Rosinen-Buttermilch (Seite 16)
Zwischendurch:
1 Apfel
Mittags:
Rostbraten Esterhazy, dazu Spätzle (Seite 36)
Holunder-Orangen-Gelee (Seite 54)
Zwischendurch:
1 Grapefruit
Abends:
Petersiliencreme-Suppe mit Tomaten (Seite 32)
Alfalfa-Tofu-Brote (Seite 24)

3. Tagesplan

Frühstück:
Mais-Lachs-Omelette mit Kresse (Seite 20)
1 Vollkornbrötchen
Zwischendurch:
1 Banane
Mittags:
Sprossen-Möhren-Sandwich (Seite 24)
1 Birne
Zwischendurch:
50 g Vollkorn-Butterkekse
Abends:
Broccoli-Rindfleisch-Pfanne (Seite 48)
Melonen-Kaltschale (Seite 54)

Beliebte Beilagen (jeweils 1 Portion)

Bei den Hauptgerichten finden Sie komplette Gerichte ebenso wie solche, die Sie vielleicht gerne durch eine Beilage ergänzen möchten. Diese Übersicht nennt Ihnen den jeweiligen Kalium-Gehalt und den Nährwert für 1 Portion.

Beilage	Menge	Kalium	Kilojoule	Kilokalorien
Gebackene Kartoffeln	250 g	1107 mg	745 kJ	178 kcal
Pellkartoffeln	250 g	1107 mg	745 kJ	178 kcal
Salzkartoffeln (in wenig Wasser gegart)	250 g	900 mg	745 kJ	178 kcal
Pommes frites	150 g	1389 mg	1657 kJ	396 kcal
Eier-Nudeln	60 g	98 mg	871 kJ	208 kcal
Vollkornnudeln	60 g	99 mg	861 kJ	206 kcal
Natur-Reis (in exakt abgemessener Flüssigkeit gegart)	60 g	90 mg	871 kJ	208 kcal
Weißer Reis (in exakt abgemessener Flüssigkeit gegart)	60 g	62 mg	875 kJ	209 kcal
Weizenvollkornbrot	100 g	270 mg	871 kJ	208 kcal
1 Weizenbrötchen	40 g	46 mg	432 kJ	103 kcal
Broccoligemüse, gedämpft	200 g	820 mg	200 kJ	48 kcal
Fenchelgemüse, gedämpft	200 g	988 mg	298 kJ	72 kcal

Zwischendurch genießen (jeweils 1 Portion)

Ein kleiner Imbiß zwischendurch stillt Appetit und Hunger gleichermaßen. Auch darin verstecken sich Kalium und Kalorien.

	Menge	Kalium	Kilojoule	Kilokalorien
1 Apfel	150 g	216 mg	312 kJ	75 kcal
1 Banane	150 g	573 mg	512 kJ	122 kcal
1 Birne	150 g	192 mg	290 kJ	69 kcal
1 Orange	150 g	284 mg	275 kJ	66 kcal
Aprikosen, getrocknet	50 g	685 mg	537 kJ	129 kcal
Joghurt (3,5%)	150 g	236 mg	381 kJ	92 kcal
Joghurt mit Früchten	150 g	195 mg	587 kJ	141 kcal
Speisequark (20%)	200 g	174 mg	916 kJ	220 kcal
Speisequark mit Früchten	200 g	200 mg	1040 kJ	248 kcal
Körniger Frischkäse	200 g	176 mg	854 kJ	204 kcal
Butterkekse	50 g	70 mg	883 kJ	211 kcal
Vollmilch-Schokolade	30 g	120 mg	661 kJ	158 kcal
Marzipan	30 g	63 mg	569 kJ	136 kcal

Erfrischende Getränke

Unser Körper besteht zum größten Teil aus Wasser. Da es regelmäßig reichlich ausgeschieden und ausgeschwitzt wird, sollten Sie am Tag mindestens 2–3 l Flüssigkeit zu sich nehmen. Ob Mineralwasser, Saft oder Wein, ob zum Essen, als kühler Durstlöscher zwischendurch oder als belebender Drink am Abend – auch Getränke enthalten Kalium, meistens jedoch auch viele Kalorien.

Beim kalorienlosen Durstlöscher Mineralwasser sollten Sie auf das Etikett achten. Selten sind pro Liter mehr als 40 mg Kalium enthalten, der Natriumgehalt, der Gehalt am Gegenspieler Kaliums also, kann jedoch beträchtlich sein. Greifen Sie möglichst zu einem Mineralwasser, das mit der Aufschrift »geeignet für eine natriumarme Ernährung« versehen ist.

Selbst Tee und Kaffee enthalten Kalium. Dennoch sollten Sie beides nicht in großen Mengen trinken, die negativen Eigenschaften dieser Genußmittel überwiegen zu stark. Dieselbe Einschränkung gilt natürlich auch für Wein und Bier.

REZEPT- UND SACHREGISTER

Zum Gebrauch
Damit Sie Rezepte mit bestimmten Zutaten noch schneller finden können, stehen in diesem Register zusätzlich auch Hauptzutaten wie Avocado oder Fenchel – ebenfalls alphabetisch geordnet und halbfett gedruckt – vor den entsprechenden Rezepten.

A
Alfalfa-Tofu-Brote 24
Äpfel:
Apfel-Flocken-Müsli 12
Kalbsleber mit Äpfeln und Backpflaumen 49
Aprikosen:
Aprikosen-Hirse-Müsli 10
Mandel-Biskuit mit Aprikosen58
Avocado:
Avocado-Müsli 13
Bohnen-Avocado-Omelette 18

B
Backobst:
Joghurt-Gelee mit Backobst 57
Kalbsleber mit Äpfeln und Backpflaumen 49
Bananen-Dickmilch 14
Beeren:
Frischkorn-Beeren-Müsli 12
Schichtkäse-Beeren-Brote 14
Beilagen (Tabelle) 61
Bohnen:
Bohnen-Avocado-Omelette 18
Bunte Bohnen-Salami-Pfanne 52
Hackfleisch-Klößchen auf Bohnencreme 40
Brie: Sprossen-Sandwich mit Brie 25
Broccoli:
Broccoli-Rindfleisch-Pfanne 48
Broccoli-Toasts 27
Marinierter Broccoli 33
Brötchen:
Frischkäse-Brötchen 21
Rosinen-Nuß-Brötchen 17
Brote:
Alfalfa-Tofu-Brote 24
Schichtkäse-Beeren-Brote 14
Überbackene Thunfisch-Brote 29
Buchweizen-Grütze mit Rhabarber 16
Bunte Bohnen-Salami-Pfanne 52
Buttermilch:
Rosinen-Buttermilch 16

C
Cashewkerne: Forellen mit Cashewkernen 36
Chicorée-Kabeljau-Gratin 44

D
Dickmilch:
Bananen-Dickmilch 14

E
Erdbeeren: Sanddorn-Quark mit Erdbeeren 17
Exoten-Müsli 10

F
Feldsalat mit Hasenfilet 30
Fenchel:
Kartoffel-Fenchel-Salat 25
Zitronen-Fenchel mit Kalbsfilet 46
Fisch (Tabelle) 7
Fleisch (Tabelle) 7
Forellen mit Cashewkernen 36
Frischkäse-Brötchen 21
Frischkorn-Beeren-Müsli 12
Früchte (Tabelle) 7
Frühlings-Rohkost mit Putenfilet 22
Frühlingsrollen 28

G
Garmethoden:
Dämpfen 8
Dünsten 9
Garnelen: Kartoffel-Suppe mit Garnelen 30
Gebackene Kartoffeln mit Chili 39
Geflügel (Tabelle) 7
Gefüllte Kohlrabi 53
Gemüse (Tabelle) 6 f.
Gemüse:
Quinoa-Gemüse-Pfanne 38
Getränke 61
Getreide (Tabelle) 5f.
Glasiertes Schweinefilet 37
Grünkern-Plätzchen 21

H
Hackfleisch-Klößchen auf Bohnencreme 40
Hasenfilet:
Feldsalat mit Hasenfilet 30
Heilbutt-Koteletts auf Spinat 45
Hirse:
Aprikosen-Hirse-Müsli 10
Holunder-Orangen-Gelee 54
Honig:
Johannisbeer-Honig-Sorbet 58
Hülsenfrüchte (Tabelle) 5f.

J
Joghurt-Gelee mit Backobst 57
Johannisbeer-Honig-Sorbet 58

K
Kabeljau: Chicorée-Kabeljau-Gratin 44
Kalbsfilet: Zitronen-Fenchel mit Kalbsfilet 46
Kalbsleber mit Äpfeln und Backpflaumen 49
Kartoffeln:
Gebackene Kartoffeln mit Chili 39
Kartoffel-Fenchel-Salat 25
Kartoffel-Rosenkohl-Gratin 46
Kartoffel-Suppe mit Garnelen 30
Mangold-Kartoffel-Röllchen 50
Kerne (Tabelle) 6
Kerniger Quark 14
Kohlrabi: Gefüllte Kohlrabi 53
Kräutersauce: Spaghetti mit Kräutersauce 48
Kresse: Mais-Lachs-Omelette mit Kresse 20

L
Lachs: Mais-Lachs-Omelette mit Kresse 20
Lamm:
Sojabohnen-Lamm-Ragout 41
Linsen:
Linsen-Eintopf 40
Spinat-Linsen-Pasteten 28

M
Mais-Lachs-Omelette mit Kresse 20
Mandeln:
Mandel-Biskuit mit Aprikosen 58
Mandel-Roastbeef-Omelette 20
Mangold-Kartoffel-Röllchen 50
Marinierter Broccoli 33
Melonen-Kaltschale 54
Milchprodukte (Tabelle) 5
Möhren: Sprossen-Möhren-Sandwich 24
Mokka-Soufflé 56
Mozzarella-Petersilien-Sandwich 22
Müsli:
Apfel-Flocken-Müsli 12
Aprikosen-Hirse-Müsli 10
Avocado-Müsli 13
Exoten-Müsli 10
Frischkorn-Beeren-Müsli 12
Schokoladen-Müsli 12

N
Nüsse (Tabelle) 6
Nüsse:
Forellen mit Cashewkernen 36
Rosinen-Nuß-Brötchen 17

O
Omelette:
Bohnen-Avocado-Omelette 18
Mais-Lachs-Omelette mit Kresse 20
Mandel-Roastbeef-Omelette 20
Orangen: Holunder-Orangen-Gelee 54

P
Petersilie:
Mozzarella-Petersilien-Sandwich 22
Petersiliencreme-Suppe mit Tomaten 32
Schinken-Petersilien-Creme 18
Pilze:
Pilz-Quiches 26
Pilz-Schnitzel 42
Putenfilet:
Rosenkohl-Puten-Rollbraten 34
Frühlings-Rohkost mit Putenfilet 22

Q
Quark:
Kerniger Quark 14
Rosinen-Kompott mit Quarknocken 56
Sanddorn-Quark mit Erdbeeren 17
Quiche: Pilz-Quiches 26
Quinoa-Gemüse-Pfanne 38

R
Rhabarber: Buchweizen-Grütze mit Rhabarber 16
Rindfleisch: Broccoli-Rindfleisch-Pfanne 48
Roastbeef: Mandel-Roastbeef-Omelette 20
Rohkost: Frühlings-Rohkost mit Putenfilet 22
Rosenkohl:
Kartoffel-Rosenkohl-Gratin 46
Rosenkohl-Puten-Rollbraten 34
Rosinen:
Rosinen-Buttermilch 16
Rosinen-Kompott mit Quarknocken 56
Rosinen-Nuß-Brötchen 17
Rostbraten Esterhazy 36
Rote Beten: Spinat-Salat mit roten Beten 32

S
Salami: Bunte Bohnen-Salami-Pfanne 52
Salat:
Feldsalat mit Hasenfilet 30
Kartoffel-Fenchel-Salat 25
Spinat-Salat mit roten Beten 32
Samen (Tabelle) 6
Sanddorn-Quark mit Erdbeeren17
Sandwich:
Mozzarella-Petersilien-Sandwich 22
Sprossen-Möhren-Sandwich 24
Sprossen-Sandwich mit Brie 25
Schichtkäse-Beeren-Brote 14
Schinken-Petersilien-Creme 18
Schokoladen-Müsli 12
Schweinefilet:
Glasiertes Schweinefilet 37
Seelachs: Süß-saurer Seelachs 44
Sojabohnen-Lamm-Ragout 41
Sorbet: Johannisbeer-Honig-Sorbet 58
Spaghetti mit Kräutersauce 48
Spinat:
Heilbutt-Koteletts auf Spinat 45
Spinat-Linsen-Pasteten 28
Spinat-Salat mit roten Beten 32
Sprossen:
Alfalfa-Tofu-Brote 24
Sprossen-Möhren-Sandwich 24
Sprossen-Sandwich mit Brie 25
Suppe:
Kartoffel-Suppe mit Garnelen 30
Petersiliencreme-Suppe mit Tomaten 32
Süß-saurer Seelachs 44
Süßes (Tabelle) 5

T
Tagespläne 60
Thunfisch: Überbackene Thunfisch-Brote 29
Toast: Broccoli-Toasts 27
Tofu: Alfalfa-Tofu-Brote 24
Tomaten: Petersiliencreme-Suppe mit Tomaten 32

U
Überbackene Thunfisch-Brote 29

V
Vollkorn-Haferflocken:
Apfel-Flocken-Müsli 12

W
Weizen-Pizza 52

Z
Zitronen-Fenchel mit Kalbsfilet 46

Umschlag-Vorderseite:
Das Rezept für die Broccoli-Rindfleisch-Pfanne finden Sie auf Seite 48.

CIP-Titelaufnahme der Deutschen Bibliothek
Ilies, Angelika:
Kaliummangel beheben: köstliche Rezepte für jeden Tag – die gesündeste Art, auf Mangelerscheinungen zu reagieren; mit Warenkunde, praktischen Tips und vielen Informationen / Angelika Ilies. – 1. Aufl. – München: Gräfe u. Unzer, 1990
(GU Ernährungs-Ratgeber)
ISBN 2-7742-2616-4

1. Auflage 1990

Redaktion: Sabine Sälzer
Herstellung: Birgit Rademacker
Fotos: Georg M. Wunsch
Umschlaggestaltung:
Heinz Kraxenberger
Druck: Appl, Wemding
Bindung: Sellier, Freising

ISBN 3-7742-2616-4

Angelika Ilies,

Wahlmünchnerin mit Hamburger Kennzeichen, arbeitet engagiert und erfolgreich als freie Autorin und Food-Journalistin. Der Start in die Karriere begann direkt nach dem Ökotrophologie-Studium – mit einem Umweg über London, wo sie in einem renommierten Verlag Redaktionsalltag erlebte und gleichzeitig die internationale Küche beschnupperte. Zurück im eigenen Land verstärkte sie 4 ½ Jahre lang das Kochressort der größten deutschen Foodzeitschrift; seit 1989 verdient sie sich Sporen und Brötchen in Eigenregie.

Dr. med. Norbert Gretz

studierte an der Universität Heidelberg Medizin und sammelte nach seinem Studium Erfahrungen im europäischen Ausland. Seit 1989 ist er als Oberarzt in der Nephrologischen Klinik in Mannheim tätig. Sein besonderes Interesse gilt der Diätetik. Die Erfahrungen, die er auf diesem Gebiet gesammelt hat, gibt er an Patienten und Diätassistentinnen weiter. Er ist Autor von vielen Veröffentlichungen zum Thema Diät.

Wichtiger Hinweis

Die Rezepte und Ratschläge in diesem Buch stammen von Fachleuten und sind erprobt. Die medizinische Forschung auf diesem Gebiet ist jedoch nicht abgeschlossen, und zu Einzelfragen werden auch von namhaften Wissenschaftlern abweichende Meinungen vertreten. Darüberhinaus reagiert jeder Organismus anders. Deshalb darf eine bestimmte Ernährung – beispielsweise zur Behebung eines Mineralstoff-Mangels – ebenso wie die Einnahme eines bestimmten Medikaments nicht ohne Rücksprache mit dem Hausarzt durchgeführt werden – informieren Sie sich bitte bei ihm.

Essen Sie Schoten oder Samen von Hülsenfrüchten niemals roh. Erst durch ausreichendes Garen wird das darin enthaltene natürliche Gift, das Phasin, unschädlich gemacht. Beim Keimen wird dieses Gift nur teilweise abgebaut; deshalb sollten Sie auch Sojabohnenkeimlinge nicht zu oft und grundsätzlich nur kurz erhitzt oder blanchiert essen.